몬테소리 부모와 자녀를 위한 이야기 나눔

조성자 지음

도서출판 파란마음

머리말

어린이들을 관찰한다는 의미는 생명에 대한 실제적인 보고서를 작성하는 것이다. 어린이를 사실적으로 바라보면서 그들 내면에 숨겨져 있는 본능을 드러내기 위해서는 가능한 한 진솔하게 어린이들의 본성을 바라보며, 그들의 선한 본성을 표현하도록 많이 배려하고 노력하여야 한다.

벤저민 프랭클린은 '교육에 대한 투자가 가장 높은 이자를 받는다.' 고 했다. 부모가 자녀 교육에 성공적인 결과를 가져왔다면 아마도 만족스러운 삶을 살았다고 할 수 있다. 몬테소리를 연구하기 위해서 세계를 둘러보며, 몬테소리 지인들과 함께 만나서 나눈 이야기는 내 인생의 가장 소중한 재산이 된 것 같다. 그 덕분에 문헌에도 없는 실제적인 이야기들을 몬테소리 제자들로부터, 몬테소리를 직접 만났던 교수들로부터, 함께 생활했었던 몬테소리 지인에게서 생생하게 들을 수 있었다는 것은 나에게는 만족스럽고 자랑스러운 행운이다.

부끄럽지만 저자 나름대로는 열심히 몬테소리에 대한 저서, 1차 문헌 번역서, 한국에서 몬테소리 학회 창립, 한국 몬테소리 교육 총연합회 설립, 몬테소리 탄생 100주년 기념행사를 개최하여 한국의 몬테소리인들과 함께 긴 여정을 걸어왔으며, 앞으로도 특별한 일이 없다면 이 여정은 계속되지 않을까 생각한다. 특히 한국에 몬테소리총연합회를 한국의 몬테소리인들과 함께 설립한 일은 참으로 잘했다는 생각이 들며 그때마다 적극적으로 도움을 준 이들에게 감사해 하며, 가끔은 혼자서 흐뭇해 하기도 한다.

이 저서는 학문적인 부담이 없이 그동안 몬테소리에 대한 연구를 근거로 참고문헌 없이 저자의 견해를 적어내려 가려고 한다. 어느 면에서는 학문적이라기보다는 경험적인 지식을 몬테소리 부모와 어린이들과 함께 나누고 싶은 생각이다. 몬테소리를 위한 작은 에세이집이라고 생각해도 무방하다.

몬테소리 어머니가 되고 몬테소리 어린이가 되기 위해서는, 부모 자신이 훌륭하고 존경받는 부모가 되어야 존경받는 자녀가 될 수 있다.

대구가톨릭대학교 아동학과

조성자 교수

차 례

드러날 수도 있고, 사용하지 않는 세포가 사라지듯 나타나지 않을 수도 있습니다. 부모의 가장 중요한 역할과 책임감은 자녀들 내부에 잠재해 있는 본능적인 선함과 자녀들이 자연스럽게 성장할 수 있도록 그 과정을 협력하고 촉진하는 것입니다.

몬테소리는 어린이들의 정체성을 연구한 아동교육자입니다

몬테소리는 '나는 어디에서 왔고, 나는 누구이고, 나는 왜 여기에 있을까?'를 연구하였는데 '나는 어디에서 왔는가?'는 자기의 정체성과 연결됩니다. 부모들의 가장 중요한 역할 중에 하나는 자녀들에게 자신의 역사를 정확하게 인식하는 방법을 가르치는 것입니다.

부모는 자녀의 자아 실현을 위해서 그들의 본성을 알아야 합니다. 자아 실현을 성공적으로 협력해 주기 위해 부모들은 자녀들의 본성과 정신을 우선적으로 이해해야 합니다.

몬테소리는 일생동안 놀라운 과학적 방법으로 어린이들의 삶 자체를 변화시키는 교구 원리와 교구 제시 방법을 연구하였습니다. 노력의 결과로 반사회적이고 비정상적이던 어린이들이 정상적이고 협력적인 어린이로, 환경을 사랑하고, 자신을 사랑하는 어린이로 변화하는 것을 그녀가 직접 운영했던 로마의 어린이집에서 목격하였습니다.

> 몬테소리는 교육을 통해서 어린이들을 변화시키고 정상화로 이끌어가려고 노력하였습니다

모름지기 부모는 교육을 통해서 자녀를 변화시킬 수 있는 능력이 있어야 합니다.

성공적인 몬테소리 교육방법은 어린이집으로 제한하지 않고 가정으로 확산하여 부모들이 자녀에 대한 이해와 변화를 가져와야 하는 것입니다.

몬테소리는 가정에서 부모와 자녀의 관계가 협조하는 파트너십으로 변화되어야 함을 직감하였습니다. 따라서 몬테소리 부모의 양육 원칙은 가정에서 몬테소리 교육만을 강요하는 것이 아니라, 철학, 교육 원칙, 일반적인 원칙을 벗어나 자녀들의 교육 선택이나 문화적 배경에 관계없이 일반적이고 보편적으로 누구에게나 언제든지 적용 가능한 모든 어린이와 모든 부모들을 위한 교육이라는 것을 인식하여야 합니다.

몬테소리 방법에 의한 자녀양육은 가족의 구성원 전체 모두를 포

함해서 모든 사람들의 정신적 · 감성적 · 육체적 요구를 해결하는 포괄적 접근 방법이어야 합니다. 부모의 행동에 변화를 가져오면 자동적으로 가족 구성원 전체 행동에 영향을 미칩니다. 부모의 행동이 변화하면 당연히 가족 전체에 영향을 미칩니다.

몬테소리는 부모는 자신의 행동을 일관성 있게 보이기 위해서 지혜와 사랑을 근거로 각자의 역할을 수행할 수 있도록 책임감을 부여하고, 우리의 정신적 · 육체적 상태의 관리를 실용적으로 제공할 수 있는 방법을 제안하고 있습니다. 몬테소리 자녀양육 방법은 협력적인 대화 방법, 가정 안에서의 구체적인 내부 규칙도 포함하고 있습니다. 기본적으로 가족의 모든 구성원들의 자아와 자녀의 자아에 대한 열린 관계를 의미합니다. '가정' 이라는 본질 자체는 모두 '사랑' 의 본질에 근거해야 합니다.

자녀를 보살피는 양육자로서, 정원을 가꾸는 정원사로서, 개인적이고 인간적인 특성, 자연 현상을 고려하고 보장하면서, 어린이에게 애정으로 인적 · 물리적 환경에 도움을 제공하여 교육적 · 생물학적 · 사회학적 · 심리학적으로 자유로워진 상태에서 인격이 정상적으로 발달하는 자유 작업, 교육적인 신념, 내적 안내, 독립적이고 자율적인 인간으로 성장됨을 증명하는 것이 바로 몬테소리의 자유 개념에 의한 작업이라 할 수 있습니다.

우리들의 사랑하는 자녀와 어린이들을 위한 이 광대하고 엄청난 모든 작업들이 우리에게 주어진 사명감인 동시에 의무라고 말할 수 있을까요? 모든 것이 해결될 수 있을까요? 그렇습니다. 저자는 이 질문에 '가능하다' 라고 답하고 싶습니다.

몬테소리는 다음과 같이 서술하고 있습니다.

> 물론 인류애가 모든 사람들을 위해서 정의와 자유를 추종하게 된다면 어린이 교육이라는 해결할 수 없는 중요한 문제로 잔류하게 될 것이다. 중요한 문제는 항상 대단히 어렵게 될 것이고, 항상 교육자와 부모들 사이에서 하나의 큰 두려움과 걱정으로 표류하게 될 것이고, 다른 한편으로는 항상 완전함과 지속적인 연구를 요구하게 될 것이다. 그럼에도 불구하고 키아라발레(Chiaravalle, 몬테소리의 고향)의 몬테소리(Montessori) 교육의 현실성이 어린이와 부모들에게 우연성과 도박의 특징으로 소개되지 않는다는 사실이다.
>
> -Maria Montessori, 『어린이 신비』 중에서-

우리 부모들이 알아야 할 것은 근본적으로 몬테소리 교육은 과학적이고 엄격하면서도 책임감을 부모와 교사에게 요구하고 있습니니다. 부모와 교사는 자신들의 확신감으로부터 지지를 받고, 가장 과학적이고 최고의 완성품인 교구와 새로운 연구를 계속한다면 모든 교육은 미래를 향해 매진하고 순항하여 목적지에 무사히 도착할 것이라는 확신감을 가지게 될 것입니다.

몬테소리가 1907년 어린이집을 개원하면서 제일 먼저 어린이들의 교육 활동을 관찰하면서 직관한 것이 바로 그들의 독립적이고 자율적인 활동이었습니다. 이러한 사실적 현상은 물론 기술적인 협조자들, 작업자, 행정 관리자, 부모, 교사, 교육자, 연구가와 모든 사람들이 자연스럽게 자기들 스스로 교육적인 의무감을 느끼도록 변화시켰습니다.

우리들은 비록 몬테소리의 사고와 작업에 대한 담론들이 단지 한 권의 책 속에 있는 내용들이라 할지라도 실제적으로 관찰한 내용을 증명해주고 이야기함으로써 교육적 확신감을 가질 수 있을 것입니다. 몬테소리 교육학은 과학적 교육학이고, 실증교육학, 실증심리학에 근거했다고 할 수 있습니다. 몬테소리의 어린이들을 위한 교육은 어린이집에서 관찰한 내용과 밀접한 관계를 가지고 있습니다.

우선, 자연과학을 연구한 여의사로서 몬테소리의 학문적 배경은 장애우를 만나면서 더욱 확장되며 의학, 실증교육학, 실증심리학, 인류학에 근거하고 있습니다.

몬테소리 교육의 위대한 점은 어린이들의 정신현상에 관심을 가지고 모든 발달 단계에서 민감기를 인지발달에 적응시킨 것입니다. 민감기는 뇌 과학과도 연결되어 있습니다. 또한 몬테소리는 어린이들을 인간의 어버이, 인간의 스승으로 보았습니다. 다시 말하자면 어린이들의 본성을 이해하고, 본성을 교육의 원리에 적용하고 활용하였습니다.

몬테소리 교육은 유럽뿐만 아니라 아메리카, 아시아, 남미, 아프리카, 오스트레일리아까지 전 세계에서 '어린이들 자신이 훌륭한 교육' 임을 검증해 준 프로그램입니다. 몬테소리 교육은 일상 · 감각 · 언어 · 수 · 우주 · 예술 · 종교 영역으로 구분하지만 통합적 발달과정으로서 어린이들의 전인적 발달을 이끌어내는 교육이기도 합니다.

따라서 부모님들이 몬테소리 교육 원리에 관심을 가지고 가정과 어린이집, 유치원과 연계하여 교육한다면 반드시 성공적인 부모가 될 수 있을 것입니다.

자녀들의 첫 스승, 협력자인 어머니

부모님은 자녀에게 처음으로 도움을 주는 사람인 동시에 자녀의 최초 협력자입니다.

새로운 세상에 적응할 수 있는 적절한 환경을 창조하며, '인간 존재' 로 진심으로 환영받기를 원합니다. 태아가 태어나기 전 오랜 시간동안 태내에서 모든 생존에 필요한 것을 준비해 주는 것이 바로 '어머니의 본능' 이라고 말합니다.

생명의 잉태를 마쳤다 할지라도 포유류는 어머니의 자궁에서 오랜 기간 준비합니다. 이 순간부터 임산부는 태아 발달에 필요한 내부 환경을 보호하고, 태아는 탄생을 위한 새로운 환경의 준비를 시작하여야 하기 때문에 자기들의 문화 속으로 들어옵니다.

어머니들은 자기의 몸 속에서 형성되어가고 있는 생명체를 진심으로 사랑하고, 방해하지 않고, 보호하기 위해서 가장 안전하고 건강한 생활을 합니다. 그동안 즐겨 먹었던 약품, 유해 음식물, 기호식품으로부터 멀어지고 대부분은 흡연과 알코올 섭취를 '태어날 아기의 건강을 위해' 중단하여야 합니다. 또한 출산일이 다가오면 신생아의 방을 가장 안전하고 편안한 장소로 만들기 위해, 가능한 한 가장 안전한 환경을 준비하려고 최선의 노력을 합니다.

외부 환경이 위험한 장소임에도 불구하고, 특별히 선택되고 보호된 신생아를 위한 방은 실제적인 위생과 과학적인 기술로 신생아가 안전하게 지낼 수 있도록 완벽한 준비가 이루어져야 합니다.

산모는 태교와 관련된 상식과 충고가 담겨진 책자들을 통해 태아에게 필요한 모든 것을 미리미리 준비합니다. 이러한 준비는 생물학적, 문화적인 것은 물론 영적인 준비까지 할 수 있어야 합니다.

결과적으로 어린이에게서 나타나게 될 욕구에 대한 존중감, 가장 조화로운 발달, 부모에게 부여되는 다양한 역할들은 결코 피곤하지 않습니다. 자녀를 양육하는 일은 자기 생에 가장 즐거운 축제이며, 행복을 만들어가는 에너지이기 때문입니다. 이러한 축제를 통해서 즐거움을 만끽하는 것입니다.

몬테소리는 어머니와 신생아의 관계를 다음과 같이 언급하고 있습니다.

> 어머니와 자식의 사이의 관계를 강요하는 순간에 도달한다. 현대의 어머니들은 자식의 육체적인 생활을 완벽하게 보호할 수 있는 준비가 이미 되어 있다. 이러한 사명감을 통해서 새로운 책임감을 받아들

이면서 새로운 생각과 새로운 연구에 자기들의 정신을 개방하고 있다. 바로 이러한 현상이 발전적인 과정을 완성하는 순간이라고 할 수 있다. 가장 훌륭한 어머니가 되기 위해서 지난날의 여성들은 자식들의 보육에 직접 참여하였다. 어머니들은 자식을 위해서 생명을 보호하는 예술을 배우는 어린이를 위한 학교에 갔다. 이러한 열성적이고 모성적인 사명감을 완벽하게 수행할 수 있게 되었고 여성은 더 이상 생명만을 창조하는 창조자만이 아니라 신생아의 인격적인 존엄성을 향해 열린 마음과 눈으로 모성애에 시선을 돌리게 될 것이다. 또한 새로운 인류애의 정신과 육체를 보호하고 조심스럽게 감시하여 다음 세대의 보호자로서 시선을 돌리는 것도 중요한 일이다.

-- Maria Montessori, 『어린이가 종교』 중에서--

몬테소리는 다시 다음과 같이 말합니다.

성인들은 2차적인 장소에서 지지해주고 있음을 깨달을 필요가 있다. 어린이들의 생명을 돕고 있다는 열망으로 이해하려고 노력하여야 한다. 어린이 가까이에 있는 모든 교육자와 어머니를 고려하여 교육적인 방향을 잡아가야 한다. 자신에게 거부하면서 자기들의 요구에 일치하려는 미성숙한 존재가 필요로 하는 것에 응답하여야 한다. 어린이들을 이해하고 그들을 지속적으로 보호해 주고 그들의 능력을 존중해 주고 어린이 자신이 할 수 있는 것에 대해서 자랑스럽고 영광스럽게 생각하도록 지도하는 것이 바로 성인이 행하여야 할 일들이다.

-- Maria Montessori, 『어린이 신비』 중에서--

부모를 위한 사랑의 커리큘럼

부모가 한 생명을 잉태시킨다는 것은 우리 가정의 새로운 역사를 창조하는 것입니다.

인간은 생명이 잉태되는 순간부터 역사가 시작됩니다. 부모는 사랑하는 자녀들에게 인간 역사의 시작을 만들어 주는 가장 위엄있고 훌륭한 존재이며 자화상입니다. 부모들은 사랑의 커리큘럼을 가지고 자녀들의 인간 역사를 만들어줄 책임감에 동참하여야 합니다.

결혼

결혼은 모래시계와 같은 것입니다.

결혼은 두 사람을 하나로 만드는 것입니다. 동화 번역가인 이지원은 '모래시계' 라는 개념을 묘사하고 있습니다.

모래시계는 한쪽에서 흘려보내면 다른 한쪽에서 받아야 하는 서로가 주고받는 것이라 했습니다. 사랑도 마찬가지로 일방적인 것이 아니라 주고받는 것입니다. 더욱이 결혼은 모래시계와 같이 주고받는 사랑이 없으면 불가능합니다. 서로가 사랑을 주고받는 모래시계와 같은 것이기 때문입니다(이지원 역, 2011).

결혼은 사랑을 전제로 하는 강력한 사회적 약속입니다.

신랑과 신부가 결혼식장에서 사랑하는 사람들끼리 결혼식을 하면서 "나 조○○은 전△△을 평생토록 사랑하겠습니까?", "예!"라고 말하는 것보다 더 아름답고 책임감 있는 말이 어디 있겠습니까?

서로 다른 두 사람이 "예!"라고 함께 말하는 것은 서로가 같은 마음을 가지고 있다는 증거이고 오랫동안 살아가고, 항상 함께 있기를 희망한다는 의미입니다.

결혼은 희노애락을 경험하는 것입니다.

결혼하는 그날부터 항상 좋은 날만도, 편안한 것만도, 조용히 머무르는 것만도 아니고 때로는 먹구름처럼, 소나기처럼 무섭고 어려울 때도 있지만 붉게 물들인 바다 아래로 떨어지는 석양 노을처럼 아름답기도 합니다. 우리들의 삶이 석양 노을처럼 아름다울 때 사랑도 항상 이글거립니다. 결혼은 희-노-애-락을 진실한 마음으로 환영하고 경험하겠다는 약속입니다.

사랑은 어린이들의 장난감 같은 것은 결코 아니지만 자기 삶에 있어서 가장 아름답고, 가장 심오하고, 가장 사랑스럽고, 재미있는 장난감과 같은 것입니다.

사람들은 흐르는 시간을 붙잡아 맬 수는 없지만, 때로는 사랑을 위해서 시간은 멈추게 할 수 있습니다. 멈춘 시간 속에서 아주 재미있고, 흥미롭고, 이해하고, 존중하는 사랑의 놀이를 하여야 합니다. 사랑은 하나의 행복한 축제인데, 항상 축제를 준비하는 것만이 아니라 축제를 행복하게 즐겨야 합니다. 다른 사람들과 함께 축제를 준비하고 즐기는 것이 바로 사랑입니다.

결혼은 작은 공동체를 만들어 가는 것입니다.

결혼은 이제 모든 것을 끝낸 마침표가 아니라 앞으로 두 사람의 희생적인 노력으로 완성표를 향해서 걸어가면서 서로 부족한 점을 채워주는 것입니다. 우리 인간이 살아가는 데 미완성품이 많기 때문에 숨가쁘게 오늘도 릴레이를 시작하는 것입니다. 결혼은 두 사람이 작은 공동체를 만들고, 이것은 더 큰 공동체를 만드는 디딤돌을 만들어 가는 것입니다. 사람들은 디딤돌 위에 가장 튼튼한 사랑의 집을 짓습니다.

임신

부모들의 사랑의 커리큘럼 중에 가장 중요한 것이 임신입니다.

임신은 생명을 잉태하고 인간 역사를 시작하는 것입니다.

몬테소리는 우주교육에서 '나는 누구인가? 나는 어디에서 왔는가? 나는 왜 지금 여기에 있는가?' 라는 질문에 답을 주는 것이 바로 '우주교육' 이라고 말합니다.

'나는 누구인가?' 에 대한 답은 생물학적으로 내가 잉태되는 순간, 즉 정자와 난자의 만남으로 이루어진 임신은 인간 역사가 시작되는 중요하고, 행복하고, 신비스롭고, 감사해야 하는 역사의 순간입니다. 그러므로 임신은 인간 역사의 시작으로 '나' 라는 존재가 잉태되는 중요한 순간이라고 말할 수 있습니다.

임신 기간은 태아를 위해서 아버지와 어머니 그리고 가족 구성원 전체가 함께 공존하는 것입니다.

사랑으로 태아는 물리적 · 정신적 · 정서적 · 영성적으로 안전하게 보호받아야 합니다. 어머니의 뱃속은 태아들이 느끼고, 보고, 냄새 맡고, 들을 수 있고, 만져볼 수 있는 유일한 교육 장소입니다.

오늘날 발달된 과학은 태아의 모습을 생생하게 영상으로 중계해 주고 있습니다. 1950년 발견된 초음파는 전 세계를 놀라움과 경이로움으로 끌어내어 태아연구의 새로운 장을 열게 되었습니다. 초음파 기술은 태아의 전체적인 모습, 생식기 변별, 손가락 · 발가락 그리고 뇌와 내장 기관 일부분을 정확하게 관찰할 수 있게 되었습니다. 태아의 운동이나 움직임으로 발차기, 딸꾹질, 눈꺼풀의 움직임까지 관찰할 수 있게 되었습니다.

이미 '인간 존재'로 형성된 태아는 부모에게 감사하고, 부모는 새로 잉태될 사랑의 결실인 자녀가 탄생한다는 점에서 감사할 일입니다. 태아는 부모에 의해서 사랑스러운 태명을 가지게 됩니다. 어떤 아빠와 엄마의 뱃속에 있는 태아를 '평화'라고 부릅니다.

일반적으로 대부분 사람들은 엄마의 뱃속이 평화롭다고 생각하지만, 산모의 모든 몸가짐 하나하나가 태아에 영향을 주고, 태아는 엄마의 움직임, 음식, 생각, 태도를 그대로 흡수하여 무의식적으로 학습하게 됩니다. 산모는 태아의 훌륭한 교육 모델이 됩니다.

태아들도 출산을 위한 준비를 스스로 하고 있습니다.

현대의학의 중요한 발견 중에 하나는 태아의 활동 하나하나를 외부에서 관찰할 수 있다는 것입니다. 임신 7개월이 지나면 태아는 외부로 나올 준비를 합니다.

첫째, 태아는 외부세계는 무서운 바이러스가 많다는 것을 알고 있기 때문에 어머니로부터 항체를 준비하기 시작합니다.

둘째, 태아는 출생한 다음 모유가 유일한 영양분이라는 것을 알고 있습니다. 모유에는 적혈구를 생성할 때에 필요한 철분이 모자라다는 것을 알고 있기 때문에 철분을 충분히 저장합니다.

셋째, 태아는 분만 시기가 다가오면 출산 준비 운동으로 스스로 어머니의 자궁 쪽으로 머리 방향을 잡아갑니다.

넷째, 탄생 후 기온 변화에 적절하게 적응하기 위해서 피하조직에 지방을 축적합니다.

다섯째, 태아와 어머니는 파트너십이 되어 출산 준비를 완벽하게 합니다. 태아는 머리를 어머니의 자궁 방향으로 정확하게 정착시키면서 안전하게 세상에 나올 준비를 합니다.

부모들은 사랑의 커리큘럼을 위한 내용을 가지고 있어야 합니다

- 우선 자신을 사랑하고 있습니까?
- 자기 존재에 대한 소속감 내지 확신감을 가지고 계십니까?
- 부부로서 자녀들에게 가장 존경받고, 신뢰받고, 가장 훌륭한 모델링이 되는 부모이며, 자신은 평화로운 삶을 살아가고 계십니까?
- 자신의 몸과 마음, 영성을 관리하십니까?
- 부모인 당신이 가장 좋아하고, 가장 잘 할 수 있으며, 윤리적인 문제 없이 원하는 것을 할 수 있는 것이 무엇입니까?

이러한 모든 것들이 지금 당신에게 문제가 된다면 미루지 말고 지금 다시 생각하십시오.

오늘, 지금 행하고 생각하십시오. 현재의 시간은 지금만 당신에게 주어진 가장 가치 있고 소중한 선물입니다. 지금은 내일 다시 오지 않습니다. 만약 만족하신다면 자신에게, 남편에게, 자녀들에게, 알고 있는 모든 사람들에게 감사한 마음을 지금 전하십시오. 그리고 자신의 몸, 마음, 영성에게도 감사하고, 지금부터 다시 조금씩 더 건강하게 관리하는 방법을 찾으십시오.

잘 살아간다는 것은 현재, 지금 성실하게 살아가는 것을 의미합니다.

2

관찰을 위한 커리큘럼

부모의 자녀 관찰하기

부모가 자녀를 관찰하는 것은 새로운 교육환경을 구성하기 위한 것입니다

부모의 관찰은 새로운 환경을 디자인하기 위한 것입니다. 몬테소리 부모들은 관찰능력이 필요합니다. 자녀들의 일상생활에서 자연적으로 일어나는 현상만 관찰하십시오.

당신의 마음을 깨끗하게 정화하여 아름답고 진실한 것을 보려고 노력하십시오. 중요한 것은 상황에 따라서 일어나는 행동 현상만 관찰하십시오.

당신의 생각, 감정, 편견을 가지고 자녀를 바라보지 마십시오. 당신의 자녀들은 당신의 마음과 교감하려고 노력합니다.

부모가 관찰한 것을 상세히 기록하고, 당신이 볼 수 있는 만큼 보고 관찰하십시오.

부모는 자녀들의 모든 행동을 볼 수 있는 천리안의 눈을 가져야 합니다.

자녀가 잠자리에 들면 침대 옆에 조용히 앉아서 평화롭게 잠자는 모습을 조용히 관찰해 보십시오.

직관력으로 내면의 지식과 생각을 깨닫게 될 수도 있습니다. 평화롭게 잠자는 어린이가 누구인지, 이 어린이의 내면을 나는 얼마나 깊이 들여다보았는지, 자녀의 본성을 보고 조용히 기록해 보십시오.

아무런 생각과 판단을 하지 말고 당신의 자녀를 단순하게 있는 그대로 관찰하는 방법에 익숙해지십시오. 단순하게 '나는 사랑하는 자식을 그냥 지켜보고 있습니다.'

지켜본 것을 기록하십시오.

자녀에 대한 사랑, 언어로 표현하기

부모들은 자녀를 사랑하고 있다는 것을 언어로 표현하십시오.

부모들이 자식에 대한 본능적이고 특별한 사랑을 가지고 있다고 말함으로써, 자녀들은 부모에 대한 확신과 신뢰감을 가지게 됩니다.

부모들은 자녀들에게 자신의 내면 속에는 밝은 빛과 사랑하는 마음을 가지고 있다는 사실을 어린이들에게 증명해 주어야 합니다.

부모로서 당신의 위치, 역할, 책임감, 권리에 대해서 사려 깊게 생각해 보십시오.

가정에는 아빠 엄마로서 부모님이 있고, 부부가 공존하는 것입니다. 그리고 자식이 있는 가족 공동체가 있습니다.

- 나는 부모가 되기를 원하였는가요?
- 나는 왜 부모가 되려고 했는가요?
- 우리 가정에서 나의 위치는 어디쯤인가요?
- 자녀에게 바라는 것은 무엇인가요?
- 자녀에 대한 부모의 책임감은 무엇인가요?
- 부모로서 권리를 어떻게 활용하는가요?
- 우리 가정을 위해서 부모 자신들이 얼마나 변화하고 있는가요?

Tip

부모로서 부모가 가져야 할 기본적인 생각을 기록해 보십시오.

1

2

3

자연스럽게 나타내는 자녀들의 의지력 관찰하기

부모들은 자녀들이 자연스럽게 나타내는 의지력을 관찰하십시오

- 무엇(어떤 것)이 자녀들의 활동에 동기를 부여하고 있는지 알아야 합니다.
- 무엇(어떤 것)이 자극을 주었는지 의식적으로 알아야 합니다.
- 편견이나 개입 없이 관찰하고 생각해 보아야 합니다.
- 자녀들이 자신의 보호, 안전감, 소속감, 존중감, 자아 실현이 자기의 내적 욕구에 의해서 자극을 받고 동기부여가 되고 있는지 관찰해 해보아야 합니다.
- 사랑하는 자녀들이 자기 환경에서 독립과 통제로부터 스스로 탐색 활동을 하도록 자극을 받고 동기부여가 된다면 그런 자극으로 인해서 신체적 · 정신적 · 정서적 · 감정적 독립을 위해서 얼마나 노력하고 있는지 알아야 합니다.
- 자녀들이 자기에게 강요되는 관심과 흥미로부터 자극을 받거나 동기부여된다면 무엇(어떤 것)이 어린이들의 관심과 주의를 집중시키고 주의를 끌어당기는지 자연스럽게 이끌어가고 있는지 알아야 합니다.

가정환경 안에서 자녀들의 동기부여 계기, 관찰하기

부모들은 가정환경 안에서 무엇(어떤 것)이 자녀들을 작업에 참여할 수 있도록 동기부여가 되고 있는지 관찰하세요.

부모들은 다음과 같은 질문을 생각해 보십시오.

- 자녀들이 흡수정신(0~6세)을 통해 자동적으로 정보를 흡수하는지, 자연적인 호기심과 탐구 정신, 탐구 활동으로 정보를 수용하는지요?
- 자녀가 스스로 선택하여 의미 있는 작업에 참여해서 정보를 수용하는지요?
- 자녀가 환경으로부터 정보를 접하는 방법 중에 자기 몸을 비롯한 감각기관과 손, 감각기관을 활용한 운동을 통해 정보를 수용하는지요?
- 자녀들에게 자유선택의 기회가 주어졌을 때 자녀의 민감기와 단순한 적극적인 참여에서는 어떤 차이점이 있는지요?

- 가정에서 유아기 자녀들이 언어발달, 움직임, 작은 사물, 질서 의식, 정의, 대인 관계, 또래 관계에 대한 욕구와 같은 특별한 민감기로 인해 자극을 받거나 동기가 부여되고 있는지요?

작업을 통합하는 자연스러운 과정 관찰하기

부모들은 자녀들이 작업을 통합하는 자연스러운 과정을 관찰하셔야 합니다.

자녀들이 작업 활동에 자신의 모든 관심을 몰입하고 집중하는지요? 작업이 중단되었을 때, 어린이들의 초점은 어떻게(또는 어디에) 맞추어집니까?

부모님들의 실수와 잘못된 생각으로 자녀들에게 지울 수 없는 상처를 주고 그들의 삶에 방해가 될 만큼 강한 자극을 주었다면, 어떤 방법으로 최소화하시겠습니까? 이러한 상황들이 종종 일어나거든요. 조용히 당신의 노트에 적어 보십시요.

부모님들은 당신의 자녀들이 항상 정서, 생각, 느낌, 행동이 안정적인지 불안한지 관찰하십시오. 자녀들이 무엇(어떤 일)에 집중하는지, 불안해 하는지, 위험스럽게 생각하는지 관찰하여 기록했다가 필요할 때 보면서 활용하세요.

부모들은 자녀들에게 지금하고 있는 활동과 관련된 새로운 정보를 제공한다면, 분명히 집중력을 향상될 것이고 새로운 반응이 일어날 것입니다. 그때 어떤 반응이 나타나는지 잘 관찰해서 학습지도와 인성지도에 활용하십시오.

Tip

자녀들에게 독립심과 자율성을 키워주는 것은 부모 자신도 독립적인 삶을 성숙시키는 것입니다. 다음의 질문에 스스로 답해 보세요.

1. 부모들이 자녀를 위해서 무엇(또는 어떤 것)을 할 수 있고 하기를 원하는지요?
2. 만약에 부모가 자녀를 위해서 물리적인 환경을 구성하는 데 공헌할 수 있고, 했다면 스스로가 그러한 공헌을 실천으로 옮기려는 의지가 필요하다고 생각하는지요?
3. 부모들의 의지를 오늘, 지금, 당장 행동실천으로 옮기려는 생각을 가지고 있는지요?
4. 부모들의 자녀를 더 독립적이고 자율적인 성향으로 양육하기를 원한다면 위의 질문을 스스로에게 던지면서 실천할 때마다 자신에게 칭찬과 박수를 보내주십시오.

독립심을 방해하는 요인들 조심하기

가정에서 자녀들의 독립심을 방해하는 요인들을 조심하십시오.

집안 전체에 무질서하게 흐트러진 장난감을 스스로 정리하도록 지도하십시오

자녀들에게 옷, 교구, 책, 자기 소지품을 정리 · 정돈할 장소와 가구를 그들이 좋아하는 것으로 선택해 주십시오. 자녀들의 옷, 장난감, 교구, 책의 수를 적당한 한계에서 제한하는 것이 그들의 마음을 통제하고 약간 부족한 것을 통해서 욕구를 증진시킬 수 있는 방법입니다. 자녀들이 옷, 장난감, 책을 훌륭하게 관리할 수 있는 방법 · 습관 · 관심을 관리할 수 있는 가능성을 높이는 방법입니다.

부모들은 자녀들이 도움을 주는 것을 즐겁고 감사한 마음으로 수용하면서 "고마워, 잘 잘했어, 너의 도움이 엄마에게 많은 도움이 되었어!" 라고 마음을 전하십시오. 어린이들은 그 말에 용기와 자신감을 가지게 되면서 어떤 도움을 더 줄 수 있을까라고 다시 생각할 것입니다.

자녀들은 부모들을 적극적으로 도와주는 것을 좋아하고 자랑스럽게 생각합니다

조금 시간이 걸리지만 자녀들과 함께 가사노동에 참여하도록 제안하십시오. 요리 활동은 어린이들이 가장 즐거워하는 훌륭한 작업입니다. 아버지와 함께 정원 가꾸기 활동에 참여시키는 것도 참으로 좋아하는 방법입니다.

그들이 필요한 공간을 제공하고, 어린이용 교구를 사용할 수 있는 기회를 제공해 주십시오. 어린이들이 요리하면서 과정과 결과를 즐길 수 있도록 도와주십시오.

자녀들과 육체적 접촉, 스킨십, 마사지를 자주 제공하십시오

특히 영아들에게 부드러운 신체적 접촉은 몸짓, 느낌, 언어적 상호작용, 안정감, 편안함, 즐거움을 공유할 수 있는 최고의 기회입니다. 만약에 자녀들이 잠자리에 들면 긴장과 분리에 대한 아쉬움을 해소하기 위한 방법으로 등을 문지르고, 쓰다듬고, 껴안아 준다면 보다 많은 친밀감이 생겨납니다.

가족들을 위해 파트너십이 될 수 있는 계획 세우기

가족 구성원들이 어렵고 힘들어 하는 가족들을 위해 파트너십이 될 수 있는 계획을 세워 보십시오.

우리 가족이 계획한 프로젝트에 가족 구성원 모두가 참여하는지 아니면 부모님만 참여하는지 확인해 보십시오

가족 구성원 모두가 참여할 때에 가정에서 공동으로 이야기할 수 있는 공동 화제가 됩니다. 참여 과정에서 일어난 경험을 나누면서 우리 가정의 행복을 다시 확인하는 기회를 만들어 보십시오. 공동의 목표가 정해지면 목표를 정해서 가족들이 가장 많이 함께하는 장소에 기록표를 만들어 걸어 놓으세요. 이것이 바로 우리집 가족들을 위한 지킴표가 됩니다.

부모들도 어려움, 힘겨움이 있으면 자녀들에게 사실대로 어려운 상황을 이야기하십시오

자녀들에게 무조건적으로 부모는 무엇(어떤 것)이든 다 할 수 있는 사람으로 인식시키는 것은 자녀를 부모의 의존자로 만들 수 있습니다.

부모와 자녀 사이에 '이런 점 때문에 어렵다' 라는 구체적인 사항을 이야기 하십시오. 이때 부모가 조심하여야 할 사항이 있습니다.

- 설득력 있게 설명하기
- 자녀가 이해할 수 있는 한계까지 이야기하기
- 어려운 점을 해결하는 차원에서 이야기하기
- 해결된 결과에 원인 효과를 적용하기
- 문제해결을 부모-자녀가 함께 해나가기

부모들은 자녀들이 가족들에게 도움을 줄 수 있는 기회를 자주 만들어 주어야 합니다.

자녀들이 가족에게 도움을 주는 행동을 하기 위해 노력함으로써 이해하고, 인정받고, 평가받을 수 있는 기회와 자신감을 가지게 됩니다. 자녀들도 누군가를 위해서 일할 수 있다는 자신감과 만족감이 다른 일에도 자신감을 가질 수 있게 만듭니다.

부모들은 항상 자녀가 할 수 있는 일을 부모가 대신하고 있다는 것을 인지하여야 합니다

자녀들의 작업과 과제를 스스로 독립적으로 할 수 있도록 가능성을 제공해 줌으로써 할 수 있는 능력을 촉진시킬 수 있는 기회를 자녀들에게 제공하는 것입니다. 자녀들은 독립적인 작업을 통해서 작업과 활동을 성공적으로 수행할 수 있는 기회와 모델을 제공해 주는 것뿐만 아니라 어린이 눈높이와 환경 안에서 다양한 변화를 경험하게 됩니다.

만약 자녀들의 행동에 대해서 화가 난다면 화난 감정을 알아채지 못하게 그 장소를 빨리 피하십시오

자녀의 행동으로부터 부모 자신이 감당하기 어려운 화가 난다면 우선 심호흡을 하면서 화를 진정시켜야 합니다. 부모 자신이 자녀의 어떤 행동에서 감정에 상처를 받았고, 짜증났고, 불만스러웠는지 다시 생각하고, 자녀는 어떤 욕구가 충족되지 않았기 때문에 그런 행동을 했는지 최선을 다해서 관찰하고 알아내야 합니다.

자녀가 보이지 않고, 자녀의 소리가 들리지 않는 곳으로 피하는 것을 확실히 하고 침착하게 중심을 다 잡기 위해 크게 심호흡을 시작합니다. 당신이 어떤 감정, 눈에 거슬림, 짜증, 불만, 화, 복수, 좌절을 경험하고 있었는지 생각하고, 자녀의 어떠한 욕구가 충족되지 않았는지 알아내는 것에 최선을 다하여야 합니다.

가장 훌륭한 부모는 자녀들과 정기적으로 1:1의 시간을 보내는 횟수를 늘여야 합니다

부모-자녀가 1:1의 시간을 보내는 방법은 다양합니다. 함께 산책하는 일, 함께 책을 읽는 일, 함께 시장가는 일, 박물관 가는 일을 통해서 더욱 가까운 관계를 형성해야 합니다. 부모는 자녀들이 가족들에게 도움을 줄 수 있는 일, 함께 즐길 수 있는 시간과 기회를 만들어 주어야 합니다. 함께 있는 시간을 최대한으로 행복하게 즐겨야 합니다.

Tip

1 부모님들이 자녀들의 욕구 충족을 위해서 무엇(어떤 것)을 행했는지 기록해 보십시오.

2 부모가 자녀들에게 만족스러움을 준 것이 무엇인가 생각하여 기록해 보십시오.

3

부모-자녀 관계에 대한 커리큘럼

가정에서 부모와 자녀의 관계

가정에서 부모와 자녀의 관계는 어떠하십니까? 부모-자녀의 관계 형성에 따라서 가정의 분위기가 달라집니다.

어머니와 자녀 사이의 밀착된 관계는 아버지와의 관계가 소홀해집니다. 어머니는 이러한 관계에서 가정의 질서를 위해서 어머니와 아버지, 자녀와의 균형적 관계를 만들어 가기 위해서 어머니의 중재 역할이 반드시 필요합니다(조성자, 2012).

어머니 ———————— 자녀 - - - - - - - - - - - - - - 아버지

※ 친밀한 관계(————), 친밀하지 않은 관계(- - - - - - -)

아버지와 자녀 사이가 밀착되면 이번에는 어머니가 소원해집니다. 이때 아버지는 자녀와 어머니의 관계가 소홀해지지 않도록 중재 역할을 잘 하여야 합니다. 특히 딸의 경우는 더욱 이러한 현상을 예방하는 것이 가족 전체에 균형을 유지하는 데 도움이 됩니다. 자녀의 중재 역할이 필요합니다.

어머니 - - - - - - - - 자녀 ———— 아버지

자녀는 서로서로의 관계에 무관심하고 외로운 부모를 획득하려고 시도합니다. 자녀 자신도 독립적이고 자율적인 활동을 즐깁니다. 이러한 상황에서 부모는 자녀에게 애정과 관심을 가지려고 노력하여야 합니다.

어머니 ———— 자녀 ———— 아버지

어머니와 아버지는 정상적이고 강한 면을 보이면서 자녀들과 원활한 관계보다는 약간 제외된 관계로 살아갈 수 있습니다. 자녀들은 부모들로부터 버림받았다고 생각할 수 있습니다. 부모가 자녀들에게 더 가까이 다가가려는 노력을 하여야 합니다.

어머니 ———— 아버지 - - - - - - - - 자녀

어머니, 아버지, 자녀 세 사람 사이에 변하지 않는 관계로 균형을 이루는 긍정적인 상황입니다. 각자는 가정 안에서 자기 위치가 있고, 자기 역할을 성실하게 수행합니다. 서로의 위치에서 서로를 존중하면서 각자의 정체성을 확실하게 이루어갑니다. 서로의 단점과 장점을 수용하며, 항상 상호작용의 관계를 유지하면서 자기들이 가지는 정보와 교육을 서로 공유하는 건강한 가정입니다. 이런 가정을 만들어 보십시오.

두 자녀들은 어머니와의 관계를 자연스럽게 변화시킵니다. 때로는 부모를 제외하고 자기들끼리 친밀한 관계를 유지하려는 성향이 있기 때문에 종종 인위적으로 어머니가 개입하는 것도 중요할 것입니다. 자녀가 자기들끼리만 관계를 유지하려는 것은 긍정적 · 부정적 요인 모두를 포함하고 있습니다.

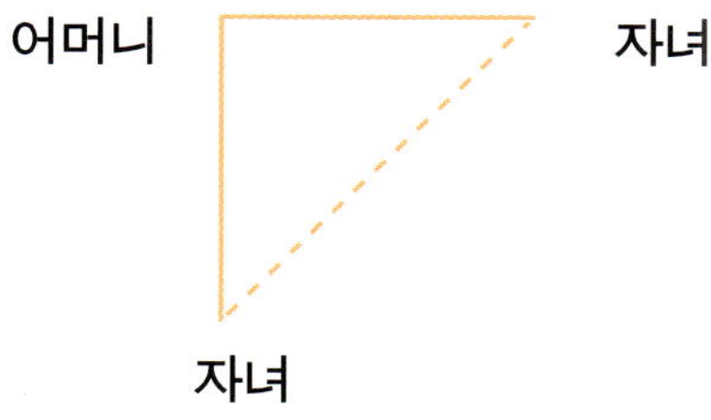

자녀들이 아버지와 어머니와 함께 관계를 유지하기보다는 자녀와 자녀들 사이에 관계가 밀착되는 경우에 자녀들은 문제해결이나 창조적인 관계가 아니라 자기들이 마음대로 생활하려는 성향이 있기 때문에 가정의 질서와 관계가 위험하여 불만스러움을 나타냅니다.

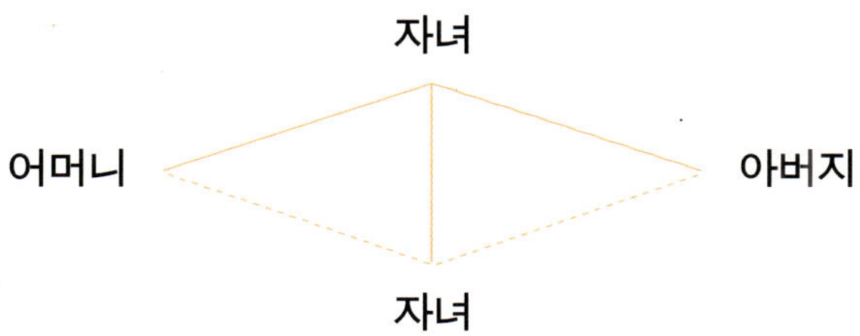

가장 균형적인 관계를 유지하는 상태입니다. 사방의 모든 방향에서 교류가 가능합니다. 가정의 가장 원만하고 이상적인 모델입니다. 어머니와 아버지, 자녀들은 열린 마음을 가지고 서로 의사소통을 하면서 문제를 민주적으로 해결하지요. 가족 구성원 모두가 서로를 완전히 신뢰하고 존중하는 상태입니다.

위에서 보는 것처럼 가정에서 부모가 자녀와의 관계를 어떻게 조정하는지, 자신이 어떠한 위치에 있는지, 어떤 관계를 유지하는가에 따라서 가족 구성원 전체의 관계 형성이 달라집니다. 더 중요한 것은 부모와 자녀 사이에 긍정적 · 부정적 관계를 형성해 가는 중요한 사람은 자녀가 아니라 바로 부모라는 것입니다. 부모님은 지금 우리 가정을 어떤 관계로 형성하고 있는지 생각해 보십시오.

Tip

1 지금 우리 가정 구성원들의 관계는 위의 8가지 중 어디에 속하는지 기록해 보십시오.

2 우리 가정에서 왜 그런 관계를 유지하고 있습니까?

4

자녀 발달에 관한 커리큘럼

기억 저장소를 갖고 있는 어린이

어린이들은 누구나 기억 저장소를 가지고 있습니다

기억 저장소를 만들려면 어린이가 보고, 듣고, 만져보고, 냄새 맡고, 맛볼 수 있는 매체와 재료가 있어야 합니다. 어린이들은 다섯 가지 감각 기관을 통해서 자기가 경험하고 본 모든 것을 기억 저장소에 저장합니다. 기억 저장소에 기억되었던 상들이 후에 자기 고유의 자아상을 만들어 갑니다. 머릿속에 조종사가 되겠다고 뇌와 약속한 다음 그 방향으로 많은 것을 기억 저장소에 축적하면 자기가 원하는 조종사를 만들어 갈 수 있습니다. 왜냐하면 그(그녀)의 기억 저장소에는 다른 것보다 조종사에 대한 지식과 경험을 많이 저장해 놓았기 때문입니다.

부모님들은 자녀들의 기억 저장소에 그들이 원하는 것을 많이 축적해 주십시오. 그러면 자녀들이 편리하게 기억 속에서 찾아 활용할 수 있을 것입니다. 저장량이 많으면 더 많은 지식을 얻는 데 도움이 되겠지요(조성자, 2012).

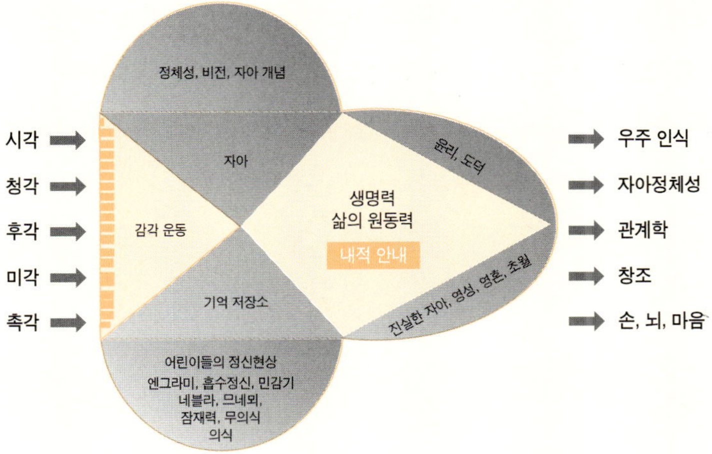

어린이들의 숨겨진 신비를 발견하기

자녀에게 여러 가지 감정 계좌 만들어 주기

부모들은 자녀들에게 여러 가지 계좌를 만들어 주십시오

부모들은 은행에 많은 경제 계좌를 가지고 있는 것도 중요하지만 자녀들에게 항상 보여줄 수 있는 감정의 계좌에 당신을 담보하십시오. 자녀들과 함께 행복한 행복 계좌, 평화로운 가정을 만들어가는 데 필요한 평화 계좌, 자녀들의 인격형성에 필요한 인격 계좌, 자녀에게 사랑을 담보하는 사랑 계좌, 자녀와 함께 배워가는 교육 계좌, 자녀들에게 모델링이 되어줄 수 있는 모델 계좌 등을 만들어 보관하십시오. 그리고 자녀들을 위해서 필요할 때 언제든지 만족스럽게 사용할 수 있는 기회를 제공하십시오. 계좌에 축적된 것을 꼭 필요할 때만 사용하십시오. 자녀들을 위한 계좌가 많으면 많을수록 부모-자녀의 관계는 정신적으로, 물질적으로 풍요로운 관계를 만들어 갈 수 있습니다.

Tip

1 부모님들은 지금 자녀들에게 어떤 계좌를 몇 개나 만들어 주었는지 기록해 보십시오.

2 자녀들에게 꼭 필요한 계좌가 무엇이라고 생각하십니까?

5

작업 실험실에 대한 커리큘럼

작업 실험실이 필요한 어린이들

어린이들은 작업 실험실이 필요합니다.

부모들은 자녀들에게 작업 실험실을 만들어 주십시오

몬테소리가 1907년 어린이집을 개원하여 어린이들을 교육하였지만, 그곳은 그녀의 실험실이나 다름이 없었습니다. 그래서 '작업 실험실'이라고 부르게 되었습니다. 어린이들에게 작업 실험실은 그들의 삶과 활동의 현장으로 성공적인 결과를 산출하는 곳입니다. 몬테소리는 이곳에서 매 순간 어린이들을 관찰하고, 기록하고, 분석하고, 치료하면서 새로운 과학적 교육방법을 연구하였습니다. 그 결과로 세계의 어린이들을 정상화로 진화시키는 데 성공하였습니다. 작업 실험실의 가장 중요한 기능은 연구결과를 모든 어린이들에게 적용하는 것입니다. 실험효과를 전 세계 어린이들, 부모들에게 증명하였고, 실험결과로 오늘날까지 전 세계 어린이들에게 아무런 의심과 오류 없이 훌륭하게 활용하고 있습니다.

전 세계에 몬테소리 교육을 받은 어린이들의 성공 사례가 발표되고 변해가는 어린이들의 모습을 보면서 경이로움을 느끼고 있습니다.

부모들은 자녀들을 관찰할 수 있는 안목이 필요

부모들은 작업 실험실에서 자녀들을 관찰하고 볼 수 있는 눈과 지혜가 있어야 합니다

작업 실험실의 첫째 조건은 관찰, 분석, 치료의 과정을 거쳐서 어린이들이 정상화로 진화하도록 도울 수 있도록 설계되어야 합니다. 정상화로 진화한다는 것은 발달과정에서 일탈하지 않는 것을 의미합니다. 작업 실험실은 실험 대상에 따라서 실험할 내용이 달라져야 합니다. 몬테소리는 실험실에 조건을 다음과 같이 말하고 있습니다.

- 실험 대상을 파악할 것
- 실험 대상에게 적용할 수 있는 방법을 준비할 것
- 무엇을 실험할 것인가 신중하게 계획할 것

- 실험을 위해서 항상 정확한 관찰을 요구할 것
- 실험실에 있는 어린이들의 행동현상을 자세히 관찰할 것
- 실험실의 결과를 외부 환경에서도 적용 가능하게 할 것
- 자녀들의 본성을 발견할 것
- 자녀의 본성을 밖으로 끌어낼 것
- 자녀의 발달 상태를 인지할 것
- 자녀의 잠재 능력 가능성을 발견하고 생각보다 더 크다는 것을 인식할 것
- 자녀에게 직접적인 경험을 제공할 것

부모들은 새로운 손님맞이를 준비하기

부모들은 새로운 손님을 맞이할 준비를 정신적 · 물리적으로 준비하십시오

신생아는 세상에 나왔지만 부모 없이는 생존이 불가능합니다. 제2의 공생의 시간을 어머니의 뱃속이 아니라 외부의 세상에서 다시 가져야 합니다. 미완성된 생명체를 부모에게 주어서 서로의 보살핌을 통해 이 세상에서 가장 친밀한 관계를

만들어가는 최초의 스승 역할을 부모에게 양도한 것입니다. 그래서 부모-자녀의 관계는 '천륜(天倫)' 이라고 말합니다. 가장 귀한 손님을 초대하여 가장 훌륭한 파티를 준비하듯이 자녀를 위한 정신적 · 물리적 파티를 준비해야 하며, 파티를 열기 위한 조건이 있습니다.

- 파티는 모든 사람들이 함께 즐기는 것입니다.
- 파티에 온 손님들을 진심으로 사랑하십시오.
- 가장 귀한 손님으로 맞이하십시오.
- 가장 아름답고 손님의 품위에 맞는 환경을 제공하십시오.
- 파티에 온 손님들이 마음껏 즐길 수 있도록 도우십시오.
- 이 파티에서만 볼 수 있는 특별한 것을 준비하십시오.
- 파티 장소를 가능한 한 넓은 심리운동장으로 준비하십시오.

몬테소리 부모들의 개혁적 의지와 능력 가지기

몬테소리 부모들은 자녀들에게 새로운 교구, 새로운 환경, 새로운 어린이로 만들어 줄 수 있는 개혁적 의지와 능력을 가져야 합니다.

몬테소리는 1907년 어린이집을 개원한 다음 제일 먼저 한 것이 어린이집 교실 개혁이었습니다. 그동안은 학교와 교실의 모든 구조가 성인 중심이었지만, 몬테소리는 어린이 눈높이로 이 모든 것을 새롭게 개발하고 개혁하여 새로운 교실, 새로운 교구장, 새로운 세면장, 새로운 정리함, 새로운 환경, 새로운 교구, 새로운 교사, 새로운 어린이라 불렀습니다.

새로운 모든 것을 위해서 부모도 새롭게 태어나야 합니다.

우선 어린이들이 교실에서 이용하는 모든 책상, 걸상, 세면대, 칠판, 교구장 등을 모두 어린이들이 사용하기 편리하도록 그들의 키와 눈높이에 맞도록 개선하였습니다. 세계에서 처음으로 어린이를 위해 일어난 놀라운 일이었습니다.

부모들도 어린이들의 새로운 환경에 적응하기 위해서 교육방법과 생각에 변화를 가져와야 합니다.

Tip

1. 우리집 실험실에 무엇이 구비되어 있는지 자세히 기록해 보십시오.

2. 우리집 실험실에서 너무 많은 재료와 너무 부족한 재료가 무엇인지 기록해 보십시오.

스마트하고 사랑스러운 가정

가장 스마트하고 사랑스러운 가정은 어떤 모습일까요? 가족 구성원들의 내적 행복은 몸, 마음, 정서, 영성이 평화로워야 합니다. 부모님들은 가족 구성원들의 주관적 자아 만족도를 높여주어야 합니다.

가족 구성원들의 외적 행복은 가정 분위기, 사회적 분위기, 종교적 분위기, 어린이집과 유치원의 분위기가 만들어 갑니다

어린이들은 가정 분위기에 아주 민감하고 아주 정확하게 가정의 정서적 분위기를 느낍니다. 어린이들의 가치관, 어린이들의 정체성, 어린이들의 삶의 방향과 목표는 가정의 분위기가 이끌어 갑니다.

가정의 정신적 · 육체적 건강은 우선 가정의 내적 · 외적 행복 감성지수가 많은 영향력을 미칩니다.

어린이들이 가정에서 내적 · 외적 행복감을 많이 느낀다면 사회적 · 인류 공동체를 통한 평화로운 분위기 만들기, 행복 만들기, 평화로운 세상 만들기, 행복한 세상 만들기에 앞장설 것입니다.

Tip

부모들의 스마트 러브를 위한 10가지 지침서

1. 자녀들의 눈으로 세상을 보십시오. 어린이들은 세상에 오염된 어른이 아닙니다.

2. 긍정적이고 낙관적인 사고를 가지도록 양육해 주십시오. 행복한 자녀들, 평화로운 자녀들, 세상을 밝게 살아가는 자녀들로 양육하십시오.

3. 자녀들의 내적 행복을 키워주십시오. 내면의 평화, 내면의 안전 없이는 절대 정상화될 수 없습니다.

4. 부모는 자녀들에게 훌륭한 모델이 되십시오. 부모는 자녀들의 가장 훌륭한 이상입니다. 당신의 자녀는 지금도 열심히 부모의 행동, 말씨를 모방하고 있습니다.

5. 자녀들의 행동을 느긋한 마음으로 지켜주십시오. 과거, 현재, 미래에서 가장 중요한 것은 지금, 오늘입니다.

6. 자녀와 충분한 시간을 보내십시오. 시간을 공유하고, 마음을 공유하십시오.

7. 부모의 관심이 독립적인 자녀로 양육합니다. 관심은 서로가 원하는 곳에 포커스를 맞추는 것입니다.

8. 항상 부모는 중립적인 입장을 취하여야 합니다. 적당하게 사랑을 규제하고, 물질적으로도 정당하게 부족한 것이 있어야 합니다.

9. 부모는 자녀를 머리로 생각하고 뜨거운 가슴에 의지하도록 이끌어 들여야 합니다. 머리, 가슴, 손이 함께 움직여야 합니다.

10. 부모는 자녀들에게 목표를 설정해주되 의지적으로 극복하도록 격려하십시오. 의지력은 활동하는 것을 의미합니다.

어린이들의 내적 행복이란 1차적 행복감과 2차적 행복감을 통해서 이루어집니다

1차적 행복감은 어린이들은 성장 욕구가 일어날 때마다 부모에게서 애정 어린 관심을 끌어낼 수 있다고 확신할 때 만족스럽게 이루어집니다. 부모의 행복지수와 어린이들의 행복지수가 동일할 때 가장 행복한 가정이 됩니다.

2차적 행복감은 일상적 활동에서 일어나는 삶의 에너지와 기쁨을 통해서 이루어집니다. 청소년기의 마지막 단계에 도달하면 1차적 행복만큼이나 확고한 2차적인 행복감을 느끼게 됩니다. 예를 들어 일을 통한 성취감, 자아 실현, 우주에 관한 관심, 친구들과의 상호 관계, 미래에 대한 비전, 꿈 희망을 통해 2차적 행복감을 성취합니다.

자녀들에게 행복을 가르치십시오

- 사물을 긍정적으로 바라보고, 긍정적으로 생각하도록 가르치십시오.
- 사물을 긍정적으로 바라보는 시각을 훈련하십시오.

- 지혜의 씨앗을 뿌리도록 가르치십시오. 지식의 양을 파종하는 것입니다.
- 꿈을 가지도록 가르치십시오. 목표는 나의 갈 길을 열어주는 길입니다.
- 자기 일에 대한 성취감을 경험하도록 도우십시오. 일의 성취감은 자아 만족감과 삶의 즐거움을 제공합니다.
- 항상 생각하며 말할 수 있도록, 그리고 말을 다스리도록 훈련하십시오. 말은 그 사람의 인격을 보여주는 것입니다.
- 훌륭한 습관을 들이도록 가르치십시오. 훌륭한 습관은 자동교육이 됩니다.
- 일을 절대로 포기하지 말고 극복하는 것을 가르치십시오. 의지, 열정, 도전은 또 다른 동기를 일으키는 원동력이 됩니다.

6

자녀들의 보살핌에 대한 커리큘럼

보살핌의 영성

보살핌의 영성입니다

부모들은 현재 가정 안에서 나의 위치와 역할을 성실하게 수행하고 있는지 생각해 보십시오. 몬테소리는 우주 안에 존재하는 모든 사물과 인간은 자기 위치가 있고 역할이 있다고 말했습니다. 가정의 평화를 위해서 부모님에 역할이 무엇인지 조용히 생각해 보십시오. 그리고 가정의 평화를 위해서 당신의 위치를 정확하게 찾고 지키십시오. 가정에는 사랑과 위계질서가 있어야 하고, 가정 안에서 부모들에게 배운 질서, 규칙, 역할은 사회의 질서, 규칙, 역할을 만들어가는 모델이 됩니다.

훌륭한 몬테소리 부모 되기 준비하기

훌륭한 몬테소리 부모 되기를 준비하십시오

결혼이라는 것은 성숙한 두 사람이 한 쌍이 되겠다는 사회적 약속인 동시에 종족 번식의 의무감을 수행한다는 의미도 가지고 있습니다. 훌륭한 부모가 되려면 먼저 사랑의 의미를 알아야 하고, 서로 자녀를 간절히 원하고, 자녀를 위한 인적·물리적으로 준비된 환경을 만들어야 합니다. 훌륭한 부모가 된다는 것은 자신을 알아가는 노력이 중요합니다. 그러나 훌륭한 부모가 되려면 전제조건으로 두 부부가 사랑하며 잘 살아가는 모습이야말로 가장 훌륭한 부모교육입니다.

어린이를 섬기고 존중하고 따르기

몬테소리는 어린이를 섬기고, 존중하고, 따르라고 말합니다

부모는 자녀의 동반자로서 자녀의 본성은 발견하고, 본성을 밖으로 드러내는 것을 유도하여 교육하여야 합니다. 부모의 수준이 아니라 자녀의 리듬, 생물학적 조건을 존중하고, 섬기고, 교육적 기준을 정하여야 합니다. 부모들이 자녀를 섬기고, 존중하고, 따르면서 부모를 모델삼아 성장한 다음에 그만큼 타인을 존중하고, 섬기고, 따르게 됩니다. 부모로부터 처음 배운 학습 모델이 여든까지 평생동안 갈 수도 있습니다.

독립적 인격체, 훌륭한 스승 그리고 어버이인 어린이

자녀들은 부모의 소유물이 아니라 완전한 독립적 인격체로서 당신들에게 훌륭한 스승이고 어버이라고 말합니다.

이 세상에서 어린이처럼 순수하고 아름다운 마음을 가진 사람이 없기 때문에 그들을 통해서 우리들은 마음을 정화하여야 합니다. 어린이들과 같은 마음을 가지지 못하면 우리들은 천국이라는 아름다운 나라에 들어갈 수 없다고 말합니다. 어린이들은 한 손에 아름다운 열쇠를 쥐고 있습니다.

자녀들은 언제든지 어른들을 놀라게 만들고, 때로는 어른들을 반성하고 숙고하도록 만드는 훌륭한 본성을 가진 가장 순진하고 진지한 스승입니다.

가정과 부모는 어린이들의 거울

가정과 부모는 어린이들의 거울입니다

부모들은 자녀들의 모든 기본적인 습관과 생각이 가정교육과 가정 규칙에서 시작된다는 것을 알아야 합니다. 가정이 바로 서야 어린이들이 바르게 성장하고, 가정이 바로 서야 국가가 바로 섭니다. 가정의 규칙과 질서는 바로 사회에서 필요로 하는 사회적 질서와 규칙이 됩니다. 어린이들은 마음속에 거울을 가지고 있습니다. 부모가 가지고 있는 거울이 크면 자녀의 몸 전체를 볼 것이고, 작은 손거울은 자신의 일부분만 볼 수 있을 것입니다. 부모는 자녀들에게 넓은 마음, 넓은 세상을 볼 수 있게 큰 거울을 주십시오. 거울은 자신의 모습을 그대로 보여주는 투명 인간과 같은 것입니다.

자녀들을 자율적·독립적인 인격체로 성장시키기

부모들은 자녀를 자율적이고 독립적인 인격체로 성장하도록 도우십시오

부모의 양육 방법에 따라서 자녀들은 자유인이 되기도, 부모의 종속된 노예와 같은 사람으로 성장할 수 있습니다. 자녀의 삶을 부모가 대신하지 말고 스스로 살아가는 방법을 가르치십시오.

어린이들의 속도는 부모들의 속도와 다르기 때문에 그들의 속도를 따르고 기다려 주어야 합니다. 어린이들은 자기 속도에 익숙해져 있기 때문에 부모가 재촉한다면 일탈과 실수를 하게 됩니다. 어린이들은 부모들의 재촉으로 인해서 작업의 흥미를 잃어버리고 싫증을 내면서 정상화에서 일탈하게 됩니다. 부모들은 이런 현상을 보고 우리 아이가 짜증을 낸다고 말하지만 짜증이 아니라 자기에게 장애물이 나타난 것이고, 자기들의 민감기에 방해를 받은 것입니다.

몬테소리의 일상생활 훈련은 독립적으로 살아가는 데 필요한 기초적인 생활양식을 가르치는 것입니다. 자유롭고 독립적인 인간으로 살아가는 데 필요한 요소는 앎에 대한 힘과 지식에 대한 힘이 있어야 합니다. 독립심을 키우는 방법을 연구하십시오.

- 자기 일을 스스로 하도록 가르치십시오. 무조건 들어주지 마십시오. 종종 '안 된다' 는 말을 하여야 합니다. 필요한 것과 원하는 것을 구분하셔야 합니다.
- 어린이들의 스트레스를 이해하십시오. 그들을 방해하는 요소들이 많습니다. 짜증은 부정적인 것이 아니라 나도 기분이 안 좋다는 것을 표현하는 것입니다.
- 어린이들에게 도전할 수 있는 기회를 제공하고, 열정적으로 도전할 수 있는 힘을 길러주십시오. 어려운 일을 피하지 말고 극복하도록 도와주십시오.
- 어머니들의 속도가 아니라 아이들의 속도로 대하십시오. 눈높이를 내리고, 느긋한 마음으로 대하십시오. 미리미리 아이를 위해 준비하십시오.
- 부모는 최선을 다해서 자신의 자녀를 사랑하십시오. 자녀들은 사랑을 받은만큼 안전하게 성장합니다. 사랑은 삶의 에너지를 만듭니다.
- 부모가 유능한 모델가가 되십시오. 부모의 모든 행동은 자녀들에게 시범교육이 됩니다. 부모가 억지로 자녀들에게 일을 주었다면 그들의 자율성과 독립심을 빼앗는 것과 같습니다.

몬테소리 부모는 몸, 정신, 마음, 영성, 영혼을 관리하기

몬테소리 부모들은 몸, 정신, 마음, 영성, 영혼을 관리하여야 합니다

인간에게 지적인 중요성과 우월성을 강조합니다. 고대 그리스의 철학자 플라톤은 몸 교육에 대한 중요성, 로크는 신체교육의 중요성, 페스탈로찌는 몸을 통한, 몸을 위한, 몸의 교육을 교육의 한 방법으로 노작교육의 중요성을 강조했고, 듀이와 볼노우는 '삶은 교육이다' 라고 규정하였습니다. 그러나 몸, 정신, 정서, 영성 혹은 영혼은 우리 몸 안에 모두 통합하여 서로 관계성을 가지고 교육을 통해 서로 연결되어야 합니다. 인간의 정신적인 실체를 담고 있는 몸은 단순하게 물리적 · 화학적 · 생물학적 차원을 넘어서 서로 유기적으로 교육적 · 심리적 · 사회적 · 심미적인 차원이 통합적으로 이루어지는 도덕적 주체입니다. 교육은 통합적으로 인간의 전체성과 완전성을 추구합니다. 그래서 몸을 유지하고 몸과 더불어 공존하는 정신, 정서, 영성 혹은 영혼을 통합적으로 훌륭하게 관리하여야 합니다.

부모님들의 몸 속에 감금되어 있는 이 네 가지 요소는 모두 다 하나같이 중요한 것입니다. 인간에게 몸은 유일하게 밖으로 보여지는 것이기 때문에 개인의 정체성을 나타내는 것이고, 정신은 인격을 나타내는 것이고, 정서는 개인의 마음 상태를 나타내는 것이고, 영성은 개인의 윤리적 기준과 개인이 살아가는 삶의 모습과 에너지를 나타내는 것입니다. 부모들은 윤리적 기준을 가지고 내적 관리와 외적 관리를 하면서 자신의 내적 안내를 해야 합니다. 몸 안에 담고 있는 정신, 정서, 영성, 영혼은 항상 자신 앞에 서있는 큰 거울이 됩니다.

Tip

1 부모님 자신의 몸, 마음, 정신, 영성, 영혼을 어떻게 관리하고 계신지 기록하십시오.

2 만약에 관리를 하지 않으셨다면 앞으로 어떻게 하시겠습니까? 자세히 기록해 보세요.

7

자녀들의 본성을 알아가는 커리큘럼

어린이들의 생물학적 욕구

모든 어린이들은 민감기가 있습니다

모든 어린이들은 생명력(Élan Vital)을 본능적으로 가지고 태어납니다. 생명력은 무엇과도 비교할 수 없는 무서운 힘을 가지고 있습니다. 아이가 울고, 빨고, 움직이고, 탐색하고, 무엇이든 하려고 하는 것 자체가 모두 생물학적 욕구입니다. 어린이들은 생물학적 욕구가 해결되지 않으면 짜증, 울음, 떼씀, 화냄, 큰 소리로 외칩니다. 부모들은 어린이들의 이런 행동을 보고 반대로 "미운 일곱 살이구나, 계속 그러면 벌을 줄거야!", "다음부터는 그러는 것은 안돼."라고 엄한 말로 공포감을 조장해 줍니다.

어린이들은 민감기를 통해서 하나하나 발달시켜 나아갑니다. 이러한 민감기를 무의식적으로 스쳐 지나가면 어린이들의 발달이 지연되고 만족스럽지 않기 때문에 건강한 인성을 가질 수 없게 됩니다. 민감기는 사계절 중에 과일이 풍성하게 익어가도록 태양열을 가해주는 여름 햇살과 같은 것입니다.

부모들은 어린이들의 민감기를 정확하게 볼 수 있는 관찰력이 있어야 합니다. 민감기는 어린이들의 본성을 볼 수 있는 절호의 기회이고, 민감기를 잘 활용하면 교육이 순조롭게 이루어지고, 성장하는 것이 눈에 보입니다.

민감기를 통해 작업주기를 성공적으로 이끄는 어린이

어린이들은 민감기를 통해서 작업주기를 성공적으로 이끌어 갑니다

어떠한 활동을 하기 위해서 어린이들에게 움직이려는 의지적 활동이 일어나야 하는데, 의지적 활동이 바로 작업에 개입하는 것입니다. 어린이들은 민감기를 통해서 의지적인 활동을 시작하고, 작업에 개입하고, 작업을 하면서 모든 정신을 통합하고, 정신적인 통합은 사랑을 이끌어내면서 전인적인 인격을 형성하게 됩니다.

욕구가 충족되지 않으면 나타나는 병리현상

자녀들의 욕구가 충족되지 않으면 병리현상이 나타납니다

- 어린이들의 기본적인 욕구인 의 · 식 · 주가 해결되지 않고, 충족되지 않으면 만족스럽게 활동과 작업을 할 수 없습니다.
- 어린이들에 욕구 충족은 유능한 의사가 아플 때 약을 주는 것과 같습니다. 어린이들은 욕구 충족이 되면 세상에서 가장 건강하고 행복한 왕자, 공주가 됩니다.
- 어린이들에게 욕구 충족은 건강하게 발달하고 건강하게 성장하도록 돕는 정신적이고 육체적인 특효약입니다.
- 어린이들에게 욕구 충족은 유기체 기능을 활성화하는 삶의 에너지입니다.
- 어린이들에게 욕구 충족은 자유로움, 행복감, 창의성, 성취감, 만족감을 높이는 행복 촉진제입니다.

부모로부터 이해받기 원하는 자녀들

자녀들은 부모로부터 이해받기를 원하고 있습니다

어린이들은 모두 애정 결핍에 걸린 것과 같이 항상 받고 또 받기를 원합니다. 부모가 다른 일을 하기 때문에 자신의 이야기를 듣지 않는다 할지라도 혼자서 이야기하면서 동참해 줄 것을 원합니다. 어린이들은 부모가 자기를 이해해 준다고 생각이 들면 모든 것으로부터 해방되어 평화로워집니다.

준비된 가정환경 속에서 스스로 정상화로 진화하는 자녀들

자녀들은 준비된 가정환경 속에서 스스로 정상화로 진화합니다.

어린이들은 자기를 에워싸고 있는 환경 속에서 인격을 형성해 갑니다

성인들이 보기에 '저 아이는 착하다', '착하지 않다' 라는 판단은 그들이 자기 환경에서 경험한 결과들이 밖으로 표현하는 결과입니다. 다시 말하자면, 기억 저장소에 좋은 정보가 많으면 착한 어린이고, 나쁜 정보가 많으면 나쁜 어린이가 되는 것입니다. 이는 교육으로 변화가 가능합니다.

일반적으로 0~3세는 정상화의 민감기라고 할 수 있습니다

'정상화' 란 어린이들의 일상생활습관을 학습하고, 손 운동이 발달하고, 걷기의 민감기를 거치고, 언어의 민감기를 거쳐서 모든 일에 대한 자신감과 관심과 호기심이 일어나 자기 스스로 진화해 가는 과정입니다. 그리고 큰 소리로 외칩니다.

"나 스스로 할 수 있도록 나를 도와주세요."

부모들은 어린이들을 스스로 할 수 있도록 도와주는 것이 그들을 정상화로 이끌어가도록 협력하는 방법입니다. 부모들은 항상 자녀의 마음에 문을 열어주는 문지기와 같습니다. 열린 문으로 자유롭게 들어가고 나올 수 있도록 마음에 문을 활짝 열어주세요.

부모나 교사의 도움으로 독립적이고 스스로 할 수 있는 모든 행동을 정확하게 학습할 수 있도록 어린이들에게 다음과 같은 것을 주의하여 교육시켜야 합니다.

직접적인 도움을 줄 것이 아니라 협력자, 파트너십의 마음가짐으로 도와주세요

정확한 시범과 제시 방법을 보여준 다음 부모님과 교사는 인내심을 가지고 기다려야 합니다. 어린이들은 생각하면서 천천히 기억한 것을 행동으로 옮깁니다. 어린이들은 자기가 원하는 일을 스스로 했을 때 성취감, 만족감을 느끼면서 다음에 할 작업에 관심을 가지게 됩니다. 만약에 자기가 원하는 일에 방해를 받거나, 중단하였을 때는 다음 작업에 관심과 흥미를 가지지 못합니다. 그렇게 되면 스스로 하는 것이 아니라 항상 종속적이고 의존적인 행동을 보입니다.

어린이들이 스스로 할 수 있는 환경을 제공해 주어야 합니다

벗기 쉬운 옷, 벗기 쉬운 운동화, 옷을 정리하기 쉬운 옷장, 작업하기 쉬운 책상, 앉기 편리한 의자, 자유롭게 움직일 수 있는 넓은 공간, 작업을 마친 다음 정리·정돈할 수 있는 낮은 교구장, 교구를 담을 수 있는 낮은 바구니들은 모두가 어린이들을 정상화로 이끌어가는 도구들입니다. 준비된 환경은 학습도구와 같습니다.

어린이들과 상호작용을 하여야 합니다

어린이들은 누군가가 자기를 사랑한다는 믿음을 확인합니다. 어린이들은 혼자 놀다가도 한 번 엄마가 어디에 있는지 확인하고 눈을 맞추고, 탐색 활동을 하면서 여기저기 돌아다니다가 엄마와 교사의 품에 한 번 안긴 다음 다시 작업을 계속합니다. 이는 사랑을 확인하고 두 사람 사이에 상호작용을 하는 것입니다.

이때 양육자들은 사랑스러운 마음과 태도로 어린이들에게 확신감을 주어야 합니다. 언어, 표정, 행동으로 "나는 네 곁에 있으니 안심해도 돼."라는 신뢰감을 주어야 합니다.

이때 어린이들은 마음과 몸으로 나-메시지와 너-메시지를 전하면서 상호작용하게 되어 서서히 정상화로 나아갑니다.

몬테소리 교육에서 제시 방법은 가장 훌륭한 교수방법이 됩니다

교사가 어린이들에게 교구를 제시하는 것은 하나의 교육방법을 제시하는 것입니다. 몬테소리 교육은 침묵을 중요시합니다. 말로 제시하며 가르치는 것이 아니라 관찰하고 안내하는 것입니다. 몬테소리 교육에서 부모와 교사가 어린이들에게 정확하게 무엇인가를 제시한다는 것을 묵시적 교육이라고 합니다. 다시 말하자면 말로 가르치는 것이 아니라 행동으로 가르치는 것입니다. 왜냐하면 어린이들은 모방행동이 강하기 때문입니다. 어린이들은 말을 다 이해하지 못하지만 행동을 모방할 능력이 많기 때문에 무엇이든 우선 행동으로 가르치면 모방을 훌륭하게 수행합니다. 어린이들에게 작업을 처음 소개하고 제시할 때에 다음과 같은 사항을 조심하십시오.

- 제시할 교구에 대한 설명을 미리 해줍니다.
- 제시하고 가르치기 중에 원하는 것을 하나만 선택합니다.
- 제시 방법은 정확성, 순차성, 교구의 학습목적, 부모-교사-어린이 사이의 상호작용에 주의하여 제시합니다.

- 제시과정에서 이해가 안가는 느낌이 들면 조용히 말로 격려해 주면서 이해시킵니다.
- 제시 방법은 시각과 촉각, 즉 손을 많이 움직이도록 자극하기 때문에 뇌에 영향력을 줍니다.
- 어린이들은 손작업을 통해서 인지 발달, 건강한 인성, 사물과 사람과의 관계를 만들어 갑니다.
- 정상화되어가는 어린이들과 비정상아의 특성은 후에 정상적인 사회인이 되고 비정상적인 사회인으로 되는 차이점을 가지고 있습니다.

질서를 좋아하는 어린이들

어린이들은 질서를 좋아합니다. 노벨 물리학상 수상자인 슈뢰딩거는 질서 개념을 다음과 같이 말했습니다.

살아있는 유기체는 환경으로부터 질서 있게 정리 · 정돈하는 것을 흡수하면서 자기들의 유기체 구조를 불행하게 만들고 저하시키는 것으로부터 탈출하고 회피한다.

– 1933년, 노벨 물리학상 수상자 슈뢰딩거(Erwin Schrödinger)–

질서는 생명체들이 가지는 기본적인 욕구입니다. 질서는 인간에게만 부여되는 것이 아니라 모든 생명체에게 부여됩니다. 모든 생명체들은 자연에 질서를 안내하는 길잡이 역할을 합니다. 어린이들은 부모들이 정확하게 가르치고 정확하게 제시한 작업을 통해서 처음으로 질서를 배웁니다. 어린이들에게 질서는 다음과 같은 행동으로 나타납니다.

- 작업은 정확한 순서에 의해서 시작합니다.
- 계획을 세우고, 규칙과 순서에 따라서 행동합니다.
- 항상 1에서, 처음부터 시작합니다.
- 부모나 교사의 제시 방법에서 질서를 학습합니다.
- 한 번 학습한 것은 잠시동안만 유지됩니다. 아직 유연성이 부족하기 때문입니다.
- 어린이들은 질서를 지키지 않으면 정신적인 혼란으로 인하여 화를 내거나 집중력이 없어집니다.
- 어린이들은 같은 장소에 같은 물건이 있을 때 모든 일을 쉽게 접근하게 됩니다. 자기가 원하는 물건이 제자리에 없으면 혼

란스러워 하고 짜증을 냅니다.

- 몬테소리가 어린이들의 물건, 교재·교구를 항상 그들이 쉽게 볼 수 있는 장소와 그들의 눈높이에 맞게 놓아둘 것을 강조하는 이유는 어린이들이 같은 장소에서 같은 물건을 같은 방법으로 활용할 수 있도록 배려한 것입니다. 어린이들은 자기 물건이 항상 같은 장소에 있을 때 심리적인 안정감을 가지게 됩니다.

어린이들에게 질서는 혼자서 할 수 있는 독립성을 발달시키는 기초가 됩니다. 왜냐하면 질서가 무너지면 혼란스럽고, 집중력이 떨어지고, 흥미와 관심이 없어지고, 의지력이 없어지고, 무엇인가 하고자 하는 욕구도 없어지기 때문입니다. 질서란 어린이들에게 심리적 안정감을 주는 정신적 요소입니다.

심리 운동장이 필요한 어린이

어린이들은 심리 운동장이 필요합니다

부모들은 어린이들에게 열린 공간을 제공하여 그들이 가지고 있는 내적 에너지를 마음껏 활용할 수 있도록 협력하여야 합니다.

영아들은 사물을 흡수하고, 물어 뜯고, 던지고, 빨고, 만지고, 기어다니다가 다시 잡아볼 수 있는 사물과 심리 운동장이 필요합니다.

심리 운동장에는 어린이들이 좋아하는 놀이기구, 교구, 맑은 공기, 체온에 적절한 온도가 필요하고, 무엇보다도 중요한 것은 양육자들의 사랑이 필요합니다.

심리 운동장에서도 자녀들은 무엇보다도 부모의 사랑이 가장 중요합니다. 어린이들에게 심리 운동장은 자연과 함께 살아가는 방법을 배울 수 있는 유일한 공간입니다. 자연은 인간을 정직하게 만듭니다.

열린 마음의 문과 열린 공간을 원하는 어린이

어린이들은 열린 마음의 문과 열린 공간을 원합니다

어린이들은 좁은 공간보다 넓은 열린 공간, 열린 세상에서 자기가 원하는 행동을 자유롭게 하기를 원합니다. 어린이들에게 자유는 인지적 학습이고 운동과 움직임은 정신적 학습입니다. 열린 세상을 마음대로 드나들면서 나와 세계의 관계를 배우게 됩니다.

Tip

부모님들은 자녀들에게 마음에 문을 얼마쯤 열고 계신지요?

1 완전히 열음

2 반쯤 열음

3 열지 않음

8

몬테소리 어린이들의 차이점과 공통점을 알아가는 커리큘럼

몬테소리 교육을 받은 어린이들의 공통점과 차이점

몬테소리 교육을 받은 어린이들은 공통점과 차이점이 있습니다. 몬테소리 교육을 받은 어린이들은 다음과 같은 공통점을 가지고 있습니다.

학습적인 측면

- 어린이들은 사물과 상호작용을 통해 몰입하고 집중력이 강화되어 학습에 관심과 흥미를 가지게 됩니다.
- 순서, 변별력, 질서, 규칙을 교구 제시 방법을 통해서 정확하게 인식하였기 때문에 실수와 오류를 최소화 합니다.
- 단계적으로 순차적으로 학습 방법을 익혀갑니다.
- 반복 활동을 통해서 학습하는 것을 습관들이고 부모가 하라는 명령에 의해서가 아니라 자동교육 단계로 이끌어 갑니다.
- 자유 선택, 자유로운 결정, 자기 책임감으로 작업을 수행합니다. 그리고 만족해 합니다.

- 실증교육학, 실증심리학에 근거한 과학적인 방법으로 학습을 합니다.
- 어린이들은 자기 나름대로 학습 방법을 만들어 갑니다. 예를 들면 어린이들은 '활동→반복→습관→자동교육'의 원리라는 틀을 만들어 학습과정을 익혀갑니다. 그래서 어린이들은 창조적 건설자라고 말합니다.
- 자유롭게 학습을 이끌어 갑니다.
- 부모님들의 권유에 의해서가 아니라 독립적이고 자율적으로 학습을 진행합니다.

행동적인 측면

- 스스로 책임감을 가지고 자기 일을 완성합니다.
- 또래 친구들과 친사회적 행동이 발달됩니다.
- 자기 작업을 독립적으로 스스로 하기 때문에 행복감을 느낍니다.
- 일상생활에서 예의 바르게 행동하고 언어 사용법이 확실합니다.
- 자연적인 리듬에 따라서 자연적인 행동합니다.
- 작업을 완성한 다음에 얻어지는 만족감과 행복감으로 긍정적

이고 적극적으로 행동합니다.

- 자존감과 자아 정체성이 강합니다.
- 자기가 사용한 교재 · 교구를 스스로 정리 · 정돈합니다.
- 자기가 사용한 물건을 항상 제자리에 놓습니다.
- 친구들을 기다려주고 친구와 다른 사람들을 배려해 줍니다.
- 시간 관리를 잘합니다. 예를 들면, "나는 이것을 20분 동안 할 거야.", "10분 이내로 할 거야!" 와 같이 자신과 시간 약속을 합니다.
- 다른 사람이나 선생님의 말을 정확하게 듣고 이해하려고 노력합니다.
- 통합교육이 이루어질 때에 장애우들을 적극적으로 보살펴주고 무엇이든 우선권을 줍니다.
- 자기가 오류를 범했을 때에 올바르게 가르쳐주면 진심으로 수용하고 스스로 오류를 수정하는 방법을 다시 반복합니다.
- 친구, 교구, 환경, 교사들과 상호작용을 훌륭하게 합니다.

9

부모들의 규칙에 대한 커리큘럼

부모들이 지켜야 할 약속

부모들이 자녀를 위해서 자신과 반드시 지켜야 할 약속들이 있습니다.

부모들은 자녀들을 절대로 자기 속도에 맞추어서 서두르지 마십시오

어린이들의 자기들의 리듬에 맞추어 작업할 때 정상화로 진화합니다.

자녀들은 자기들만의 작업주기를 가지고 서두르지 않고 즐기면서 작업을 진행합니다. 부모들은 인내심을 가지고 기다려 주어야 합니다.

부모들은 자녀들에게 지배형보다는 파트너십의 관계를 유지하십시오

자녀들에게 명령을 한다면 절대로 복종하지 않습니다. 복종은 내적 규칙에 의해서 움직이는 것입니다. 어린이들은 당신의 소유물이 아니라 당신과 함께 천륜의 관계를 가지고 평생 동행하는 아주 멋진 동반자입니다.

어린이들에게 자연에 대한 경험, 생태 환경을 접할 수 있는 경험을 제공하십시오

그들은 내일의 미래를 향해 나아가야 합니다. 생태계의 건강을 유지하는 방법, 자연을 건강하게 유지하는 방법을 서둘러 가르쳐야 합니다. 인간의 자연을 너무 남용하고 힘들게 만들었기 때문에 자존 능력에 한계점에 와 있습니다. 서둘러 자녀들에게 생태계를 껴안고 사랑하는 방법을 가르쳐야 합니다. 파괴된 생태계, 파괴된 생명체는 재생이 불가능한 것이 특징입니다. 시간이 없기 때문에 지금 당장 시작하여야 합니다.

부모들은 자녀들에게 상처 주는 언어와 행동을 금하십시오

여러분의 자녀는 당신의 소유물이 아니라 한 인격체입니다. 그들은 감각적이기 때문에 마음에 상처를 받으면 마음의 문을 아주 닫

든가 아니면 조금만 열어 놓습니다.

여러분의 자녀들은 행하면서 배우기 때문에 부모의 행동, 사용하는 언어 하나하나를 그대로 흡수하여 모방합니다.

자녀들이 좋은 것을 흡수하여 좋은 생각을 그들의 머릿속에 인지하여 착하고 좋은 어린이로 성장할 수 있도록 도와주어야 합니다. 사람들은 뇌에 좋은 정보를 가지고 있으면 좋은 사람이 되고 나쁜 정보를 많이 가지고 있으면 나쁜 사람이 됩니다.

부모들의 무의식적인 행동과 언어가 지금 당신 자녀가 인격을 형성하는 데 많은 영향력을 미치고 있습니다.

부모는 자녀들의 욕구를 충족시키는 모방의 대상입니다. 부모들이 단순하게 행한 행동, 언어가 지금 당신의 자녀들 머릿속으로 들어가고 있습니다. 어린이들은 아직 좋고 나쁜 것을 변별할 능력이 없습니다.

부모들은 자녀들이 새로운 것을 경험할 수 있고, 진심으로 만족감을 느끼도록 도와주어야 합니다

자녀들에게는 모든 것이 새로운 것이기 때문에 그들의 탐색하려는 민감기와 욕구를 충족시켜 주어야 합니다. 새로운 것은 새로운 정보가 되고, 지식이 되어 앎에 욕구를 충족시키면서 만족감을 가집니다.

부모들은 자녀들이 새로운 작업은 한 다음 즐거워하고 만족스러워 하면서 반복하는 것에 빠져있는 자녀들의 협조자가 되어야 합니다

자녀들의 반복 활동은 재미있고, 때로는 새로운 것이기 때문에 자연 발생학적 현상입니다. 어린이들은 자기 세계를 조절하고, 통제할 수 있는 능력을 통해서 작업을 성공적으로 마치면 만족감의 매력에 빠지게 됩니다. 부모는 미완성된 자녀의 신체적 조건을 고려해서 정상적으로 발달하도록 도와주어야 합니다. 부모들은 자녀들이 활동하면서 배운다는 것을 알아야 합니다.

어린이들의 활동은 모두 학습이 됩니다. 움직인다는 것은 학습활동을 지속한다는 것입니다

어린이들에게는 생물학적 욕구를 발산해야 할 민감기를 지나쳐 버리지 마십시오.

어린이들에게 생물학적 욕구는 본능과 같은 것입니다. 만약에 어린이들의 본능인 민감기의 자연적인 현상을 지나쳐 버린다면 다음 단계의 발달이 지연됩니다.

지금 부모님들의 사랑하는 자녀들은 당신들의 따스한 마음, 사랑, 안정적인 보호를 원하고 있습니다

자녀들은 자기가 좋아하는 사람, 자기가 좋아하는 교구, 자기가 좋아하는 선생님과 포옹하고, 입맞춤하고, 미소를 보내고, 대화를 하면서 발달에 필요한 내적 에너지를 얻어갑니다.

부모님들은 당신의 자녀들을 마음으로 표정으로 행동으로 존중하십시오. 당신의 자녀들은 이 모든 것을 원하는 강한 감수성을 가지고 있습니다. 자녀들은 항상 자기 주변에서 말하는 사람들의 모든 표정, 언어 행동을 보고 듣습니다.

부모들은 가능하다면 훌륭한 몬테소리 어린이집과 유치원을 선택하십시오

어린이들의 인격 형성은 6세 이전에 된다고 말하는 학자들이 대부분입니다. 부모와 가정생활 다음으로 영향력을 주는 곳은 유아교육기관이기 때문에 기관 선택은 아주 중요합니다. 몬테소리 유아교육기관은 전 세계적으로 증명된 어린이들의 건강과 인지를 발달시켜가는 평화놀이터입니다.

부모들은 어린이들이 필요로 하는 우주적 환경을 제공하십시오

자녀의 능력을 정확하게 알고 자녀에게 도움이 될 수 있는 교재 · 교구를 선택하여 성장에 도움이 되도록 하십시오.

부모 자신이 자녀와 함께 어울려 놀 수 있고 함께 작업할 수 있는 기회를 자주 가지도록 노력하십시오

자녀들은 다른 친구들과 함께 어울려 노는 것도 필요하지만 진심으로 좋아하는 것은 부모와 함께 작업하는 것입니다. 작업한다는 것은 단지 작업만이 아니라 작업 시간에 백 가지 언어를 가지고 수많은 대화와 사랑을 교환할 수 있습니다.

부모는 자녀들의 모델링, 모방의 대상이라는 것을 주의하십시오

부모는 자녀들과 대부분의 시간을 보내기 때문에 부모를 보고, 배우고, 관찰하면서 모방합니다. 만약에 당신의 자녀들이 사랑이 많고, 예의 바르고, 순수하고, 진실하게 성장하기를 원한다면 당신이 그렇게 살아가십시오.

부모들은 자녀들에게 가정에서 플라스틱이 아닌 실제 물건을 사용하도록 허락하십시오

인위적인 장난감보다는 실제로 가정에서 사용하는 물건을 제공하면 실제로 적응하는 데 한결 쉬워집니다. 물건이 깨지면 위험하다는 것, 조심하여야 한다는 것을 경험할 기회를 주십시오.

부모는 자녀와 함께 말할 때 정확하게 표준어를 사용하십시오

부모가 정확하게 언어를 사용함으로써 자녀들도 자기 표현을 정확하게 합니다. 사물의 명칭, 식구들의 이름을 정확하게 말하십시오.

❀ 부모-자녀 사이에 긍정적인 관계를 만들어 가십시오

'하지 마!' 라는 말 대신에 "한 번 생각해 보겠니?" 라고 표현해 보십시오. 부정적인 말은 서로가 불쾌감을 가질 수 있고 자녀의 정서와 감정을 혼란스럽게 만들어 갑니다.

❀ 부모는 자녀들에게 모든 것을 자유롭게 선택한 기회를 자주 허락하십시오

자녀들에게 확실하고 정확하게 선택할 수 있는 기회를 허락하는 부모는 자녀의 자유에 대한 욕구와 그들의 개성, 인격을 존중하고 있다는 사실을 확인시켜주는 것입니다.

❀ 부모는 절대로 자녀들의 일을 대신하지 마십시오

자기가 할 수 있는 일을 스스로 할 수 있도록 안내해 주고, 용기를 주고, 격려해 주십시오. 부모들은 가급적 적게 말하고, 오류 수정을 해주지 말고, 부모의 방식으로 어린이들의 일을 대신하지 마십시오.

부모들은 자녀들에게 정확한 규칙과 자유를 주십시오

자녀들은 부모들의 일관성 있고, 합리적이고, 객관적인 지도를 원합니다. 가족 구성원들이 함께 규칙을 정하도록 참여시키고, 규칙을 지키는 데 문제가 있으면 규칙을 가족 구성원들과 합의하에 새로 정하십시오.

부모는 자녀들과 융통성 있는 관계를 유지하십시오

규칙을 조절하는 것은 자녀의 발달 욕구에 적절하게 수용되어야 하고, 항상 자녀와 공감대를 형성하기 위해서 노력하십시오.

부모는 자녀들의 신중하고, 사려 깊고, 사랑하고, 신뢰하는 마음으로 존중하면서 보살펴 주어야 합니다

자녀가 부모에게 무엇인가를 말할 때 적극적으로 경청하고 신중하게 듣는다는 표정의 메시지를 보내십시오. 자녀가 가정의 의사결정과 계획에 참여할 수 있도록 노력하시고 가정에서 자녀들의 위치와 역할이 얼마나 중요한지 그들 스스로 느끼도록 보살펴 주십시오.

자녀들의 신체와 정신발달을 위해서 반드시 준비된 환경이 필요합니다

자녀들은 자기들의 욕구를 충족시킬 수 있는 환경을 필요로 합니다. 부모가 준비된 환경을 제공한다면 자녀들의 학습과 인격 형성은 노력 없이 자연스럽게 이루어집니다.

부모는 자녀가 '나는 누구인지?', '나는 어디에서 왔는지?', '나는 지금 왜 여기 있는지?'에 대한 답을 줄 수 있도록 가르쳐야 합니다

자녀가 '나는 누구인지?'를 알고 싶어하는 것은 자아 정체성을 찾아가는 것이고, '나는 어디에서 왔는지?'를 알고 싶어하는 것은 우리집의 역사, 나의 역사, 나의 뿌리를 알아가는 것이고, '나는 지금 왜 여기 있는지?'를 알고 싶어하는 것은 우주 안에서 나의 위치를 찾아가고 나의 사명감을 완성하기 위한 것입니다. 부모들은 자녀들에게 자신을 발견하고, 자신은 유일한 존재로서 존엄하고, 대단히 중요한 사명감을 가진 존재라는 것을 인식시켜 주어야 합니다.

부모는 자녀들에게 공존의 삶이 얼마나 중요한지를 인식시켜야 합니다

우리들은 혼자 살아가는 것이 아니라 인류 공동체 속에서 공존이 의미를 학습하고, 다른 사람들과 더불어 하는 삶의 방식을 배우고, 그 속에서 개인으로서 존중감을 받고 주는 관계를 가르쳐야 합니다.

부모들은 자녀들에게 종종 칭찬, 격려, 감사, 희망, 꿈에 대한 이야기를 해주어야 합니다

칭찬과 격려는 자녀를 만족스럽게 만드는 것이고, 자기 자신의 인격을 존중받는 것입니다. 부모는 자녀에게 종종 사랑한다는 말, 믿음이 있다는 말, 좋아한다는 말, 노력에 감사하다는 말, 모든 일에 적극적으로 참여해 주어서 감사하는 말을 전하는 것이 중요합니다. 자녀들은 부모들의 이러한 말에 삶의 에너지를 얻습니다.

부모는 자녀에게 자신감을 줄 수 있어야 합니다

부모는 자녀들에게 "너도 할 수 있어, 너도 분명히 성공할 거야!"

라는 말로 자신감을 심어 줄 수 있어야 합니다.

자녀들은 어떤 일을 성공적으로 완성하면 자기의 능력, 가치관, 자신감, 자존감에 힘을 얻어야 합니다. 자녀들의 성취감은 또 다른 성공을 생각하도록 만듭니다.

부모들은 자녀들이 자기 일을 행동으로 옮기고 자기 세계를 확장하는 데 필요한 시간을 묵묵히 지켜보고 충분히 주어야 합니다

자녀들은 부모와 전혀 다른 시간 개념을 가지고 있습니다. 시간을 서두른다거나 재촉하면 어린이들은 즉시 혼란스러워집니다. 부모는 자녀의 활동에 간섭과 방해를 하지 말고 그들을 바라보면서 일탈행동만을 관찰하여 수정해 주어야 합니다. 가능하다면 잘못한 것을 스스로 발견하도록 도와주십시오.

부모는 자녀들이 독립적으로 학습할 수 있도록 자유를 허락하십시오

자녀들은 간섭과 방해를 받을 때 스스로 혼란스러워지고 작업에 대한 관심과 호기심이 흩어집니다. 어린이들은 본능적으로 자기 세계를 자유로이 확장하고 자유로운 존재가 되려는 욕구를 가졌습니다. 자녀들은 열린 공간을 원하고 그곳에서 자유롭게 움직이려는 욕구를 충족시켜야 합니다.

부모가 먼저 자녀를 존중하고 사랑하십시오

자녀를 기다리지 마십시오. 자녀들은 우리 부모가 자기를 사랑한다는 것, 믿는다는 것, 존중한다는 것을 확신하고 인식하는 것이 필요합니다. 이러한 요소들을 그들이 살아가는 데 아주 강한 삶의 밑거름이 되는 가치관을 높여주는 역할을 합니다. 자식을 존중한다는 것은 가족 전체에 대한 존경심입니다.

부모는 자녀들은 온정적으로, 사랑으로, 안정적으로 보살필 필요가 있습니다

부모들이 자녀들을 포옹하고, 입맞춤하고, 미소를 짓고, 이야기를 나누고, 함께 있기를 원하는 생물학적 접촉은 자녀들에게 중요한 힘이 됩니다.

부모가 먼저 도덕적 행동 기준을 보여주어야 합니다

어린이들의 모든 도덕적 기준은 부모의 태도로부터 형성되기 때문에 자녀가 비도덕적인 행동을 보일 때는 부모와 공감대를 형성하고 부모도 자녀에게, 자녀도 부모에게로 잘못한 것을 이야기하면서 고치려고 노력하여야 합니다. 부모들은 자식들을 열 달 동안 뱃속에 품었다 탄생시킨 위대한 과업을 이루어냈지만 그들이 자신에게 소속된 것이라고 생각하는 순간부터 자녀와의 갈등이 생깁니다.

몬테소리 부모들이 자제해야 할 지침들

어린이들의 감정에 상처를 주지 마십시오

부모의 감정은 어린아이들처럼 순수한 감정을 가지고 있지 않을 뿐만 아니라 기회적입니다. 자녀의 감정이입과 감정 전이를 진실하게 하여야 합니다. 몬테소리는 우리 몸 안에 있는 감정, 정신, 영성이 몸과 함께 조화롭고 균형 있게 발달하여야 한다고 말했습니다.

자녀를 양육하는 책임감을 피하지 마십시오

자녀의 양육 방법은 어느 날 갑자기 터득하는 것이 아니라 그들이 성장하는 동안 지속적인 관찰, 사랑, 보살핌을 통해서 이루어지기 때문에 부모의 과업과 책임감은 영원히 수행하여야 합니다. 몬테소리는 사람을 가르치고 양육한다는 것은 가장 어려운 일이기 때문에 교사를 항상 존중하고 귀한 존재로 생각해야 한다고 말했습니다.

자녀들이 원하는 것을 지나쳐 버리지 마십시오

어린이들이 원하는 것은 그들의 욕구가 발생하는 것입니다. 부모들에게는 보잘 것 없는 것이지만 자녀에게는 지금 원하는 것이 생의 전부일 수 있습니다. 몬테소리는 어린이들 환경에 있는 모든 것들은 교육 재료이고 그들을 움직이게 하는 자동차의 엔진과 같은 것이라고 말했습니다.

어린이들이 스스로 경험하려고 탐색 활동을 하거나 열심히 움직일 때 부모가 절대 개입하지 마십시오

우리들이 배가 고플 때 밥을 먹어야 하는 것처럼 어린이들도 자기들의 내적 욕구가 발생했을 때 작업을 하여야 합니다. 부모와 교사는 가끔 '자신들이 가장 훌륭한 교사' 라고 착각하며, 때로는 어린이들의 집중력과 열정을 방해하고 있다는 것을 미처 깨닫지 못하곤 합니다.

어린이들의 신체 활동을 적극적으로 협조해 주십시오

어린이들은 신체 활동, 움직임, 운동을 통해서 정서적 안정감을 가지게 되고 앞으로 살아갈 에너지를 축적하게 됩니다. 몬테소리는 어린이집에서 어린이들이 운동을 통해서 자기 세계를 확장해 가는 것을 관찰하였습니다. 부모들은 자녀들이 어지르고 무질서한 환경을 만든다는 이유만으로 모든 활동을 금하지만, 그것은 어린이들의 성장을 중지시키는 것입니다.

- 자녀들이 행동하는 작은 것에서 큰 것까지 모두가 그들에게 가치 있는 것이므로 무시하지 말아야 합니다.

- 그들이 자기들에게 중요한 일을 무시당하면 자신감, 열등의식, 능력감, 자존감이 약화됩니다.
- 형제들 간에 보이는 차별화를 금지하여야 합니다.

어린이들은 자기를 누군가와 비교하는 것을 제일 싫어합니다. 각자의 장·단점, 각자의 특별한 개성을 인정하고 이야기하면서 행동수정의 원리를 적용하는 것이 바람직합니다. 어린이들은 비교로 인해서 좌절감을 느낄 수 있습니다. 몬테소리는 어린이들 각자의 인격을 존중해 줄 것을 '평화와 교육'이라는 주제로 강연할 때에 항상 강조하였습니다.

어린이들의 잘못된 생각, 행동을 비난하지 말고 바르게 생각하고 바르게 행동하도록 안내해 주어야 합니다.

유능한 부모는 그들의 생각과 행동에 함께 동참하여 같은 경험을 해본 다음 치료 방법을 생각하는 것입니다. 몬테소리는 부모가 자기들을 이해한다고 생각하면 착한 양과 같이 된다고 말합니다.

부모는 자녀들의 모든 결과에 민감하게 반응하고 질책하는 것을 금지하여야 합니다.

성인들도 실수하고, 실패하고, 좌절하는 데 어린이들은 잘할 때도 실수할 때도 있습니다. 잘한 것은 더 잘하게 만드는 적극적 강화 방법을 적용하고 실수한 것은 실수의 원인을 분석하여 재도전하는 정신을 가지도록 안내해 주어야 합니다. 몬테소리는 어린이들 스스로 오류를 수정하도록 권고했습니다.

자녀들의 자기 주장을 무시하거나 지나쳐 버리지 말고 끝까지 그들이 주장하는 의사표현을 들어야 합니다.

자녀들은 가정에서 자기 주장이 거절되는 경험을 자주하면 소극적인 행동을 하게 되고 때로는 부모들에게 위선적인 행동을 표현하기도 합니다. 자녀들에게 자기 주장을 할 수 있는 기회를 제공하고 긍정과 부정을 서두르지 말고 서서히 설득하여야 합니다. 몬테소리는 교육자들은 인내심을 가지고 어린이들을 교육하라고 권고합니다.

부모-자녀 간의 생각의 차이가 있을 때 즉각적인 해결 방법을 금지하여야 합니다.

우선 부모의 입장에서 숨고르기를 한 다음 진정된 마음으로 차분하게 자녀에게 다가가야 합니다. 자녀는 자기가 이해되면 즉시 수

용합니다. 몬테소리는 다른 사람을 배려한다는 것은 그 사람이 가지고 있는 모든 생각, 행동, 환경, 마음, 정신을 존중하고 수용하는 것이라고 말합니다.

부모가 훈계를 남발하는 것을 금지하고 반드시 필요할 때만 훈계하여야 합니다.

부모의 기분에 따라서 시간 개념이 없이 언제든지 훈계를 하면 어린이들은 훈계인지 그냥 말하는 것인지 정확하게 구분하지 못합니다. 훈계를 할 때는 가능한 강한 자극으로 훈계하여 강한 반응을 이끌어내야 합니다. 몬테소리는 훈계가 필요할 때는 적극적으로 행하여야 하지만 그들의 입장을 고려해야 한다고 권고합니다.

부모가 항상 자기 의견을 주장하는 것을 금지하여야 합니다.

자녀를 하나의 인격체로 본다면 가정에서 일어나는 모든 일들을 자녀에게 알려서 열린 마음으로 서로 협상, 중재, 이해에 초점을 맞추어야 합니다. 부모 자녀의 관계는 파트너십으로, 수직적 관계만이 아니라 수평적 관계를 강조하여야 합니다.

부모가 원칙을 벗어나는 행동을 금지하십시오.

몬테소리는 어린이들의 일상생활에서 질서와 규칙을 중요시하는 것은 그들이 생활해가는 과정에서 원칙을 지니고 살아야 한다는 논리를 주장하였습니다. 원칙은 모든 사람들이 살아가는 데 생각과 행동의 기준점을 제공하는 것이므로 원칙은 정하고, 바꾸면서 가정의 질서, 사회의 질서를 유지하도록 만들어 갑니다.

자녀교육과 양육을 어머니와 아버지가 분리해서 감당하는 것을 금지하여야 합니다.

몬테소리는 부모의 역할을 달라도 교육 방향을 한 곳을 향해서 걸어가야 한다고 말했습니다. 만약에 부모의 교육 방향이 다르면 자녀들에게 양육 형태에 혼란을 주고 갈등을 제공하는 것과 같습니다.

부모의 권위를 남용하는 것을 금지하여야 합니다.

부모에게 주어진 자녀교육에 대한 권력을 때때로 권한과 의무로 분담하여 적절하게 활용하는 지혜가 필요합니다. 부모가 자녀와 함께 권력행사를 한다면 자녀는 또 다른 권력행사 방법을 활용하게 될 것입니다. 권력이 부정적인 개념만이 있는 것이 아니라 권력을 각자 가정 구성원들의 능력에 알맞도록 분배해 주는 것이 필요합니다. 몬테소리는 가정의 질서를 위한 부모들의 권력행사를 아주 부정하는 것이 아니라 권력을 자녀들에게 나누어 줄 때 가정에서 각자가 힘을 분배하는 것이라고 말합니다.

자녀들을 긍정적으로 훈육하는 방법을 활용하기

어린이들을 일상적인 일과 가정 일에 참여시키십시오. 어린이들은 일상적인 반복 활동과 일관성을 통해 가장 잘 배울 수 있습니다.

어린이들에게 선택할 수 있는 기회를 자주 제공하십시오

어린이들이 자기가 선택했다는 것은 자기가 좋아하는 것이고, 자기가 할 수 있는 가능성이 있다는 것이고, 자기가 해도 된다는 가능성의 힘을 가지는 것입니다.

어린이들에게 감각적인 힘을 양육해 주십시오

“네가 결정해”, “너는 충분히 할 수 있어.”, “참 멋지게 했구나.”, “참 잘 했구나.” 하는 격려는 감각의 힘을 업그레이드시키는 것입니다.

어린이들에게 필요한 것과 원하는 것을 구별해서 제공하십시오

어린이들에게 필요한 것은 기본적인 생물학적 욕구이고, 원하는 것은 자기 만족을 위해서 하고 싶은 것입니다.

어린이들에게 자율성과 독립심을 길러 주십시오

부모로부터 즐거운 에너지를 받지 못하고, 사랑과 존경을 받지 못한다면 어떻게 신뢰감을 형성하겠습니까?

어린이들에게 안정감을 줄 수 있는 사람, 장소, 작업, 의식을 제공하십시오

가장 신뢰할 수 있는 사람, 가장 안전하고 편안한 장소, 자기들이 좋아하는 교재 · 교구, 자기들이 탐색 활동을 할 수 있는 생각과 의식이 필요합니다.

10

자녀들의 자아 개념에 대한 커리큘럼

자녀들에게 자아 개념 혹은 자아 정체성을 만들어 주기

자녀들에게 자아 개념 혹은 자아 정체성을 만들어 주어야 합니다.

몬테소리는 '나는 누구이고, 나는 어디에서 왔고, 우리들은 왜 여기에 있는지?' 라는 질문에 대한 답을 어린이들에게 분명히 주라고 말했습니다. 이러한 질문에 대한 답은 우주 안에서 자아 정체성을 찾아야 하는 사명감입니다.

'자아 개념' 은 자기 자신이 가지는 지각, 생각, 관념, 태도의 특별한 체계입니다. 부모들은 자녀의 자아 지각에 관심을 가져야 합니다.

'자아 지각' 이란 어린이들은 항상 5가지 감각기관을 통해서 감각적 자료를 받아들이고 수용하고 흡수합니다. 어린이들은 특별히 감각적 자료들인 냄새, 소리, 촉각, 느낌 듣기를 지각 작용을 통해서 뇌에 입력합니다. 지각된 인상과 생각이 바로 자녀들의 자아상입니다.

'자아 태도' 는 각자 지각된 경험과 사건을 통해서 자신을 평가하고, 자신의 태도를 형성하게 됩니다. 자아 태도는 내적 지향적이기 때문에 태도로부터 일어나는 정서는 강한 힘을 가지게 됩니다. 각자는 나름대로 자기 태도를 가지고 있기 때문에 "저 사람 태도는 아주 근사해!", 아니면 "왜 그래?"라고 비판적일 때도 있습니다. 사람은 누구나 타인에 대한 태도를 가지게 되고, 자기에 대한 다른 사람들의 태도도 가지게 됩니다.

자아 개념을 자아 정체성이라고 말하기도 합니다. 자아 정체감은 나의 첫 번째 경험과 첫 번째 얻어진 인상, 나의 첫 번째 가정 문화들이 기억 저장소에 축적되어 나의 의식 속에서 나타나는 나의 실체입니다. 그러므로 '나'라는 존재는 나의 정체성이 되고 내가 살아가는 동안 다른 사람들이 '나'로 인정하는 나의 인상입니다.

나에 대한 개념이 확실하면 할수록 나의 신념, 책임감, 성취욕이 강하게 되어 자신을 신뢰하게 되고, 사랑하게 되고, 자신감이 생깁니다. 그래서 사람들은 자기를 소개할 때 "저는 김○○입니다."라고 확실하게 말하고, 다른 사람은 "아! 저 사람이 김○○이구나." 하고 말합니다.

부모들은 자녀들에게 3가지 요소, 즉 자아 개념, 자아 지각, 자아 태도를 중요시하여야 합니다.

부모들은 자녀의 자아 개념 발달 모델

자녀에게 있어, 부모들은 자아 개념 발달의 모델입니다.

부모라는 모델이 자녀들에게 왜 중요한가를 알아야 합니다

- 자녀들의 소속감, 능력감, 가치관 형성에 영향력을 주기 때문에 부모라는 모델이 중요합니다.
- 자녀는 부모와 정서적 관계를 통해서 부모의 행동과 가치를 자기 것으로 만들어 가기 때문에 부모라는 모델이 중요합니다.
- 부모가 자기 자신과 자녀를 다룰 때 나타나는 모델이 그대로 자녀가 자기를 다루는 모델 바꾸기 때문에 부모라는 모델이 중요합니다.
- 자녀들은 부모의 언어 형태를 그대로 받아들이기 때문에 부모라는 모델이 중요합니다.
- 무능력한 자녀들은 부모를 의지하면서 부모의 행동과 동일시하기 때문에 부모라는 모델이 중요합니다.

몬테소리는 자녀들의 자아 개념을 촉진하는 부모들의 행동은 부모가 자녀에게 온정, 수용, 존중을 나타내고, 관심을 보이고, 준비된 환경을 제공하고, 제한된 자유를 제공하고, 부모-자녀의 우호적인 상호작용을 중요시하고, 자녀에게 사랑, 진실함, 안정감을 객관적으로 제공하고, 이해하는 것, 원하는 것이 분명하고, 부모 자신이 긍정적 자아 개념을 가졌다고 말합니다.

피드백의 제공자로서 부모 역할

몬테소리 부모는 피드백의 제공자로서 부모 역할을 하여야 합니다.

자녀들은 우선 가정에서 다양한 피드백을 받게 됩니다. 이러한 피드백은 자기와 환경 사이에서 상호작용을 합니다. 부모들이 자녀들에게 부정적인 자아 개념인 자기 증오, 자기에게 자책을 강화하는 것을 보여줌으로써 자녀들은 욕구가 좌절되어, 불안한 유아기를 보낼 수 있습니다. 부모로서 자녀들에게 보내는 피드백의 역할을 살펴봅시다.

- 부모가 자녀에게 행한 행동이 어떤 효과를 낼 것인가 배려할 것
- 부모는 감정을 조절할 수 있어야 할 것
- 부모는 도덕적 기준을 가지고 있어야 할 것
- 부모의 행동이 자녀에게 어떤 피드백을 줄 것인가 미리 생각하여야 할 것
- 부모는 자기 자신에 대한 책임감을 수행하여야 할 것

평가자로서 부모 역할

몬테소리 부모는 평가자로서 부모 역할을 하여야 합니다. 가정에서 자녀들은 어떠한 행동이든 실행한 다음에는 결과에 대해서 누군가에 평가를 받게 됩니다.

부모에 의해서 이루어지는 평가는 자연스러운 평가라고 할 수 있습니다. 평가자로서 부모의 역할은 다음과 같은 것을 고려하여야 합니다.

- 부모 자신도 자신에게 칭찬과 고마움을 가져야 합니다.

- 자녀가 자기 현실을 직관하고 자신을 현실적으로 평가할 수 있도록 도와주어야 합니다.
- 자녀들의 능력을 최대한으로 인정해 주어야 합니다.
- 자녀들을 긍정적인 눈으로 바라봐야 합니다.
- 평가를 교육적인 수단과 방법을 활용해야 합니다.
- 평가는 항상 용기를 포함시켜야 합니다.
- 부모의 평가가 상호작용과 연결할 수 있도록 합니다. 평가를 위한 평가는 교육적 안내는 될 수 있어도 행동수정에 도움은 주지 못합니다.
- 자녀들이 할 수 없을 때는 자녀들과 타협하여 잘했다는 방향에서 평가해 주어야 합니다.
- 평가는 가능한 한 자녀의 능력을 촉진할 수 있도록 하여야 합니다.
- 평가를 통해서 자녀의 욕구를 충족시켜 줄 수 있어야 합니다.

자유를 좋아하는 어린이

어린이들은 자유를 좋아합니다. 어린이들에게 자유선택은 자기 책임감이고, 학습의 효율성을 높이는 것이고, 자기 만족감입니다. 어린이들은 자기가 좋아하는 일이 있고, 물건이 있고, 행동이 있고, 자기가 좋아하는 세계가 있습니다. 그러나 부모들과는 전혀 다릅니다. 몬테소리는 어린이가 꼭지원기둥을 가지고 오랜 시간 작업을 반복하는 것을 보면서 자기가 선택했을 때 일어나는 자연적인 현상을 서술하였습니다.

- 어린이는 자유선택을 좋아합니다.
- 책임감을 가집니다.
- 스스로 몰입합니다.
- 작업에 집중합니다.
- 작업 주기를 가집니다.

1. 선택→활동→반복→집중→습관→만족감, 행복감, 안정감
2. 의지→개입→통합→사랑

Tip

작업주기가 활발하게 이루어질 때 부모들의 주의 사항

1. 어린이들을 자유롭게 움직일 수 있는 심리 운동장을 제공할 것
2. 어린이들을 절대 방해하지 말 것
3. 선택할 수 있도록 환경을 준비해 줄 것
4. 선택할 물건을 어린이들의 상황과 수준에 따라서 1주일 혹은 2주일 간격으로 주기적으로 바꾸어 줄 것
5. 다양한 경험을 할 수 있도록 다양한 물건을 준비해 줄 것
6. 어린이들에게 제시하는 방법을 정확하게 하여 모방이 가능하도록 할 것(선택한 작업을 정확하게 배우는 것이 중요하므로 정확하게 가르쳐야 할 것)
7. 어린이들에게 제시할 때 천천히 그들의 리듬에 따를 것
8. 어린이들의 선택을 적극적으로 격려해 줄 것
9. 어린이가 선택한 작업을 개입하지 말 것
10. 어린이들에게 선택한 작업을 언제든지 완성하도록 도와줄 것(완성해 본 경험이 있는 어린이들은 성취감과 성공할 수 있는 확률이 높다는 결과가 있음)

- 자기가 할 수 있고 경험 있는 것에 더 많은 관심을 가지고 선택하려 합니다.
- 어린이들은 자유 선택한 작업을 통해서 정상화로 발전하고 진화합니다.

부모는 자녀에게 신중하게 금지사항을 말하기

부모들은 자녀들에게 "아니!", "하지 마!" 와 같은 금지사항을 신중하게 말하여야 합니다.

부모들은 자녀들의 행동에 대한 제한선, 한계점을 정해주는 것이 필요합니다

막연하게 "정원에 가서 꽃을 꺾어 와!" 라고 말하는 것은 어린이의 생각을 혼란스럽게 만들 수도 있습니다. 하지만 부모가 어린이에게 "정원에 가서 '장미꽃' 을 꺾어 오렴." 이라 말한다면 어린이는 망설이지 않고 즉시 장미꽃을 가져올 것입니다.

스스로 판단하고 스스로 책임지기

부모들은 자녀들이 스스로 판단하고 스스로 책임지도록 교육하십시오.

부모들이 어린이들에게 가르치기를 원하는 것을 정확하게 제시한다면 정확하게 배우게 됩니다. 순서에 의해서, 규칙에 의해서 처음 가르칠 때 정확하게 가르치고 원인과 결과를 정확하게 설명하십시오.

부모와 교사들이 어린이들에게 무엇이든 잘 못한다는 생각을 가지는 것은 그들을 못하게 만드는 무서운 병입니다.

11

어린이 나름대로 원하는 것과 꼭 필요한 것의 커리큘럼

자녀들의 기본적인 욕구

어린이들의 생물학적 욕구가 있습니다. 부모들은 자녀들의 기본적인 욕구를 충족시켜줄 의무가 있습니다. 어린이들에게 기본적인 욕구는 생명과 같은 것입니다. 어린이들은 기본적인 욕구를 통해서 자아실현을 할 수 있는 에너지를 축적합니다. 부모님들은 "하라!"고, "무엇이 되라!"고, "훌륭한 사람이어야 한다."고만 말하지 말고 자기가 원하는 것을 이룬 다음에는 인류애를 위해서 다시 새로운 삶을 살아갈 비전과 준비를 시키십시오.

평화로운 세상을 만들어 가도록, 자기가 가진 것을 이웃과 나누도록, 이웃의 사람들을 보살피도록, 다른 사람들과, 다른 민족들과, 용서를 원하는 사람들과 관계를 맺어가도록, 모든 이들과 더불어 행복을 나누도록 도와주어야 합니다. 부모의 도움으로 이룬 자아실현을 자녀가 다시 사회에 환원할 수 있는 길을 열어주십시오.

어린이들은 생물학적 욕구를 가지고 있습니다.

그리하여 자녀들이 기본적인 욕구를 통해서 상위 욕구인 자아 성취를 한 다음 다시 사회에 환원할 수 있는 사랑과 봉사의 영성을 가지도록 가르치십시오.

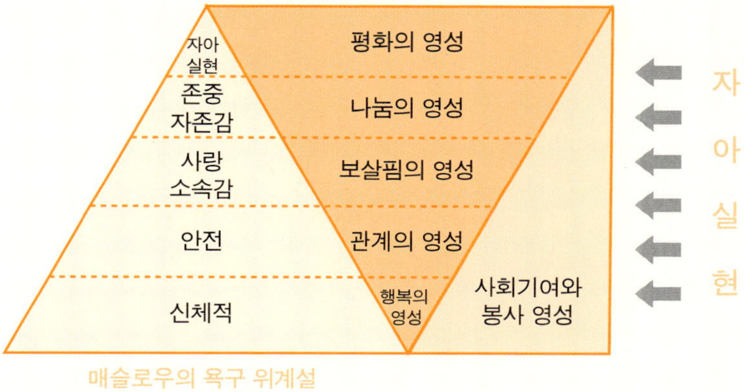

매슬로우의 기본욕구와 자아실현을 통한 몬테소리 인간의 영성적인 욕구

본능적인 욕구와 원하는 욕구를 동시에 지니고 있는 어린이

어린이들은 본능적으로 욕구와 원하는 것을 동시에 가지고 있습니다(조성자, 2012).

기본 인간 욕구

	내용	욕구(needs)	원하는 것(wants)
1	생리적이고 보존적인 욕구	• 음식 • 옷 • 안식처 • 접촉(만지는 것) • 물 • 수면 • 건강	• 인스턴트와 불량식품 • 유명 브랜드 • 장식이 많은 화려한 침실: 화려한 공간 • 매달리기 • 음료수 • 늦게까지 깨어 있고 늦도록 잠자기
2	안전 욕구	• 안전과 보호자	• 과잉보호
		• 변함없는 신뢰	• 억눌림(억압)
		• 일관성 유지	• 끊임없는 안심: 안전에 대한 강박관념
		• 공포로부터의 벗어남: 자유로워짐	
3	사랑과 소속의 욕구	• 인식과 감사 • 수용과 포용 • 애정과 결합 • 이해와 지원(유지) • 공헌 능력(기여도) • 공감과 안심 • 협력과 지역사회	• 최고가 되기 • 관심 집중 • 봉사(섬기게)하다

	내용	욕구(needs)	원하는 것(wants)
4	존중의 욕구	• 자아 존중(자존감) • 자기 신뢰(자신감) • 통제력 • 자아와 정체성 • 자율성	• 자기가 중심이 되다(주인공) • 옳다고 증명하기 • 최고가 되기 • 자기 방식으로 하기
5	자아실현의 욕구	• 전체성 (완전함, 일체감)	• 좋은 물건 가지기
		• 능력: 권한	• 과장하기
		• 애정과 결합	• 유명해지기
		• 내적 의식(자의지)과 지혜로움	• 목적 달성만 생각함
		• 창의력과 자기표현	• 개인의 이익
		• 평등과 상호관계	
		• 의미 있는 참여	
		• 영감과 축제 (축하의식)	

부모들이 자녀의 욕구를 충족시키는 것은 의무이고 책임감입니다

어린이들은 자기의 욕구를 충족시킴으로써 긍정적 행동, 창의적 활동, 삶의 만족감, 삶의 에너지를 충족시켜 정신과 육체를 건강하게 성장시키는 데 필수 조건이 됩니다.

반대로 자녀들이 원하는 모든 것을 만족스럽게 충족시켜 주지 않는다면 유아기의 기본생활 습관과 질서, 조화로운 삶의 경험과 미래 생활 설계에 장애요인이 될 수 있습니다.

욕구를 충족시킨 어린이들의 특성과 원하는 것을 성취한 어린이들의 특성상 차이점은 다음과 같습니다.

욕구를 충족시키는 어린이와 원하는 것을 가지려는 어린이의 특징

욕구를 충족시키는 어린이들의 특징	원하는 것을 가지려는 어린이들의 특징
• 어린이들의 자아 정체성 확립	• 만족감을 경험하지 못함, 항상 갈증을 느낌
• 어린이들의 안녕감	• 의존적인 생활에 익숙해짐
• 어린이들의 질서와 규칙	• 친구들과 비교함
• 집중력 강화	• 자아 정체성이 혼란스러움
• 행복감, 만족감을 경험	• 항상 나, 나, 나가 중심이 됨
• 즐거움을 경험	• 불안정한 생활을 함
• 창의적 활동을 함	• 항상 새로운 것을 요구함
• 독립적인 생활	• 생활이 무질서하고 규칙이 없음
• 스스로 주도적인 생활을 함	• 친구들과 지배형 모델이 됨
• 기억 저장소에 필요한 것을 저장함	• 언어 표현을 공격적으로 함
• 친구들과 파트너십이 됨	• 기억 저장소에 불필요한 것을 저장함
• 언어 표현을 긍정적으로 함	• 정신적 가치보다 물질적 가치를 소중히 함

어린이들이 욕구가 충족된다면 자아 정체성 혹은 진정한 자아와 더불어 미래에 대한 자아 실현과 정체성을 진실하게 이루어 나아갈 것이고 원하는 것이 많은 어린이들은 물질적 요소가 과거 기억 속에 자리잡고, 집중력이 감소됩니다.

부모들은 자녀들이 원하는 것을 적절하게 충족시키면 학습효과나 정서적인 안정감을 줄 수 있고 그들에게 즐거움과 에너지를 공급할 수 있습니다. 부모의 입장에서 자녀들이 원하는 것이 반드시 필요한지, 원하는 것이 가치로운 것인지, 원하는 것이 질과 양으로 적당한 것인지를 정확하게 점검할 필요가 있습니다.

아름다운 언어를 선물하는 부모

부모님들은 자녀에게 아름다운 언어를 선물하세요

부모들은 2가지 언어를 사용하고 있습니다. 당신의 자녀들은 당신의 입모습을 모방합니다. 2가지 언어는 듣기 싫어하는 '명령형 언어' 와 '소곤소곤, 새근새근한 파트너십 언어' 입니다.

지배자 모델과 파트너십 모델 언어 형태

지배자 모델 언어	파트너십 모델 언어
• 인류(mankind)	• 인간성/인류(humanity/humankind)
• 남자(man)	• 인간다운(human)
• 그(he)	• 그녀 또는 그/개인/그들 (she or he/one/they)
• 의장(chairman)	• 의장, 사회자/의장(chairperson/chair)
• 하원의원(congressman)	• 국회의원(congressperson)
• 연 근로시간(man hours)	• 근무시간(work hours)
• 동원 가능한 인원수(manpower)	• 노동력, 전 종업원 (work power, work force)
• 인간에 대한(to man)	• 보좌, 직원에 대한(to staff)
• 신사(gentlemen)	• 신사숙녀 여러분 (ladies and gentlemen)
• 친애하는(Dear Sir)	• 친애하는 여사, 선생님/친애하는 선생님 또는 여사/친애하는 여사 또는 선생님/친애하는 매니저(경영자)(Dear Madam and Sir/Dear sir or Madam/Dear Madam or Sir/Dear Manager)
• 약화시키다(emasculated)	• 약한, 비단정적인(weak/nonassertive)
• 여자 같은(effeminate)	• 퇴폐/약한(decadent/weak)
• 정치가(statesman)	• 외교관/리더/정치가 (diplomat/leader/policy maker)
• 유약한(sissy)	• 감성적인 소년, 예민한 소년(sensitive boy)

지배자 모델 언어	파트너십 모델 언어
• 형제간(brotherhood)	• 공동체/밀접한, 친족관계/우정/통일/협력(community/skinship/friendship/unity/partnership)
• 숙련공(craftsman)	• 장인/노동자(artisan/skilled worker)
• 대변인(spokeman)	• 연설가/대변인/대리인(speaker/spokesperson/representative)
• 보통사람(평범한 사람)(common man)	• 평균적이고 조화로운 사람(average person)

위의 표에서 보는 것처럼 두 사람들 사이에 사용하는 언어의 차이점이 있는 것은 두 모델 사이에 사용하는 중요한 단어들이 구분되어진다는 것입니다(조성자 역, 2011).

지배자 모델과 파트너십 모델이 사용하는 중요한 단어

지배자 모델과 파트너십 모델이 사용하는 중요한 단어들이 다음과 같이 있습니다(조성자 역, 2011).

지배자 모델과 파트너십 모델이 사용하는 단어

지배자 모델 언어	파트너십 모델 언어
• 두려움(fear)	• 신뢰(trust)
• 승리/지다(win/lose)	• 승리/승리 지향(win/win orientation)
• 지배, 장악(power over)	• 함께 이룬 힘(단결)(power to and with)
• 남성우월(male dominance)	• 성역할(gender partnership)
• 가학피학성변태성욕(sadomasochism)	• 상호만족(mutual pleasure)
• 통제(control)	• 육성(nuture)
• 순위, 지위(ranking)	• 연계하다(linking)
• 부당이익(one-sided benefit)	• 상호이익(mutual benefit)
• 교묘한 처리(manipulation)	• 열린 의사소통(교제, 교우, 친교) (open communication)
• 파괴(destruction)	• 현실화(actualization)
• 저장, 비장(hoarding)	• 분배하다(sharing)
• 상호의존(codependency)	• 상호의존(interdependency)
• 좌뇌적 사고(left-brained thinking)	• 온전한 사고(whole-brain thinking)
• 부정적 조건화(부적강화)(negative conditioning)	• 실제적인(실질적인) 조건(positive conditioning)
• 체벌에 의한 훈련(train by punishment)	• 격려에 의한 훈련(결과) (train by encouragement)
• 타인에 대한 폭력(violence against others)	• 타인과의 공감(감정이입)(empathy with others)
• 복종(taking orders)	• 팀작업(협력작업)(working in teams)
• 어색함, 이질적(체류)(alienation)	• 통합(완성)(intergration)

지배자 모델 언어	파트너십 모델 언어
• 핵 군비 경쟁(nuclear arms race)	• 국제 협력(international partnership)
• 전쟁(war)	• 평화(peace)
• 비밀(secrecy)	• 개방/책임, 의무 (openness/accountability)
• 강요(coercion)	• 참여하다, 관계하다(participation)
• 주입식(indoctrintaion)	• 교육(education)
• 본성지배(억압)(conquest of nature)	• 성향(기질) 존중(respect for nature)
• 상사(conformity)	• 창의성(creativity)

성인들이 무의식적으로 사용하는 언어들이 어린이들에게 얼마나 폭력적인 언어로 사용하는지 알 수 있습니다. 이러한 언어가 어린이들의 정서에 많은 영향력을 미치고 있습니다. 그러므로 부모, 어린이, 양육자들 그리고 교사들은 어린이들에게 사용하고 있는 언어 형태를 명령형에서 상대방을 존중하고 배려하는 의문형으로 바꾸어 사용하는 것이 그들에게 평화의 의미와 평화적 행동에 영향력을 주는 모델링이 될 것입니다(조성자 역, 2011).

12

몬테소리 부모들이 기본적으로 알아야 할 커리큘럼

자녀들의 특성 알기

자녀들이 '당연히 알아야 한다는 것'은 없습니다. 어린이들에게 명령은 그들의 독립심과 자율성을 방해하는 요인입니다. 알기를 원할 때 알아들을 수 있도록 지도해 주십시오.

어린이들에게 감각은 세상을 열어가는 창

어린이들에게 감각은 세상을 열어가는 창입니다. 어린이들은 대단히 감각적입니다. 여러분의 자녀들은 지금도 감각을 통해서 세상의 문을 열어가면서 새로운 세계를 보고 그대로 흡수합니다. 그러므로 마음에 상처를 받으면 마음속에 깊이 새겨져 오랜 시간 머물다가 화를 내고 공격적인 행동을 나타냅니다. 성격장애를 일찍이 경험하게 되는 것입니다.

보고, 듣고, 읽는 경험이 완전한 학습

자녀들은 보고, 듣고, 읽는 것만으로 완전한 학습이 될 수 있습니다. 어린이들은 보고, 듣고, 읽은 것을 실제 행동으로 경험해 보는 것을 통해서 완전한 지식을 만들어 갑니다. 유아기 때 구체적으로 명료화된 지식을 학습해야만 성장 후에 개념, 생각, 행동을 정확하게 하는 방법을 배웁니다. 어린이들은 탐색하면서, 행하면서, 조작하면서 정확한 지식을 배웁니다. 어린이들에게 사물이 바로 지식을 만드는 기계라고 할 수 있습니다. 사물이 있으면 5가지 감각기관을 사용하여 훨씬 쉽고 정확하게 배웁니다.

자녀에게 좋은 기회를 많이 제공하기

자녀들에게 좋은 생각, 좋은 지식, 좋은 사람들을 만날 수 있는 기회를 많이 제공하십시오.

자녀들에게 좋은 생각, 지식, 사람과 관계를 맺는 것은 그들의 배움에 대한 욕구를 충족시키는 모방의 대상이 됩니다. 어린이들은 뇌 속에 복사 기계를 잠시 동안 가지고 살아갑니다. 뇌에 처음 기록된 정보들은 일생동안 내적 안내를 하는 등불입니다.

호기심을 가지는 어린이

어린이들은 새로운 것, 이상한 것, 처음 보는 것, 처음 보는 사람에 대해서 관심과 호기심을 가집니다.

자녀들은 성장하면서 더욱 새로운 사물과 사람에 대해서 비교하고, 변별하고, 차이점을 알려고 하는 욕구가 강해집니다. 알려고 하는 강한 욕구는 어린이들에게 가장 훌륭한 교육재료가 됩니다.

창조적 구성이 가능한 미완성된 교재·교구 제공

자녀들에게 새롭게 창조적으로 구성할 수 있고 만들 수 있는 미완성된 교재·교구들을 제공하십시오.

자녀들은 부모가 만들어 주는 것을 쳐다보면서 즐거워하기 보다는 자기가 직접 참여하여 만들고, 부수고, 다시 만드는 것에 훨씬 더 많은 관심을 가집니다. 어린이들은 자기 세계에서 신체적 기능을 조절하고, 통제할 수 있는 능력을 사물과 움직임을 통해서 성취합니다.

몰입하고 집중했을 때 쉽게 배우는 자녀

자녀들이 작업에 몰입하고 집중했을 때 쉽게 배우고 즐겁게 배웁니다.

어린이들은 본능적으로 사물에 대한 집중력이 강합니다. 어린이들의 집중력을 강화하는 방법은 그들을 자유롭게 놓아두어 집중력을 지속할 수 있도록 준비된 환경을 제공하는 것입니다.

부모로서 용기를 가지기

부모로서 용기를 가지기는 것이 중요합니다.

Tip

부모로서 자녀와의 관계에서 나 자신을 돌아보고 자신에게 하고 싶은 말, 충고, 후회, 훌륭하게 잘한 것을 서술해 보십시오.

1. 자신에게 하고 싶은 말 ____________
2. 자녀교육을 위해서 자신에게 하고 싶은 충고 ____________
3. 자신의 말과 행동, 처신에 대한 후회 ____________
4. 자기가 자녀교육에 대해서 가장 잘못했다고 생각하는 것 ____________

부모님에게 자녀가 어떤 존재인가 생각해 보십시오.

1. 자녀가 성장한 다음 부모를 어떤 어머니 아빠로 기억할까요? ____________
2. 자녀가 생각하는 부모의 자아상 어떻게 생각할까요? ____________
3. 부모가 자녀를 교육하는 데 가장 어려운 점? ____________
4. 자녀가 부모에게 반대의 말, 거부의 말을 할 때 어떻게 대답할 수 있을까? ____________

13

자녀의 자기 몸 활용 · 관리 커리큘럼

몸은 어린이에게 최초의 장난감

몸은 어린이들의 최초의 장난감입니다

우리 몸은 100조 개 이상의 기계 부속품과 같은 세포로 구성된 특별한 살아있는 기계에 비교할 수 있습니다. 움직이고, 말하고, 생각하고, 창조하는 아주 미소한 톱니바퀴가 조화를 이루면서 기능하는 것이 몸입니다. 인체를 구성하는 수많은 세포들은 독립적으로 혼자서는 기능을 할 수 없지만 정보를 계속해서 주고받으면서 다른 세포들과 연결하여 자기들의 행동을 질서화합니다.

우리 몸의 기관은 모두 교육을 위해서 필요한 유능한 교사들입니다. 인간의 몸은 서로 각각의 기능을 완성하고 있지만 서로 긴밀하게 연결되어 있습니다.

입

입은 인간의 의 · 식 · 주를 해결하는 기관입니다.

입이 없으면 촉각, 후각, 소리를 발달시킬 수 없고, 엄마의 모유도, 좋아하는 장난감도, 자기 몸을 장난감 삼아 빨 수도 없습니다. 신생아들은 세상에 태어나면 모든 것을 입으로 가져가 모든 운동을 시작합니다. 입은 단순히 먹는 것만이 아니라 다른 감각기관을 발달시키는 중재 역할을 합니다. 입은 소리를 창조하는 유일한 기관으로 자기들의 기본적인 욕구를 표현합니다.

눈

눈은 세상을 보는 창입니다.

눈은 인간의 감각기관 중에 중요한 기능을 하는 감각입니다. 눈은 보는 것을 지각하고, 우리들이 보는 것으로부터 많은 영향력을 받습니다. 눈은 단지 빛의 반사에 의해서만 볼 수 있습니다. 어두우면 볼 수 없으므로 어두움과 밝은 것을 구별하고, 잠에서 깨면 눈을 뜨고 사물을 보고 배워갑니다. 눈은 세상에 있는 정보를 받아들이면서 새로운 지식을 만들어 가는 데 많은 기여를 합니다. 그래서 부모들은 자녀들에게 세상을 볼 수 있는 눈을 크게 뜨도록 가르쳐 주어야 합니다.

코

코는 인간의 위생을 책임지는 역할을 합니다. 냄새를 맡고 부패하고 신선한 것을 구분합니다. 코는 몸 안에 있는 모든 노폐물을 분비하여 몸의 건강을 유지해 줍니다.

손

손으로 자기 몸 속에 있는 부정적 생각, 독소를 해소할 수 있는 기관이 있다고 믿으십시오. 몬테소리는 손을 다음과 같이 표현하고 있습니다.

> 세계는 서로서로가 많은 힘을 하나로 만들고 손으로 모두 함께 연결고리를 만들어 하나로 통합하고 있다.
>
> -Maria Montessori, 『어린이 발견』 중-

손은 인간의 창조 작업을 할 수 있도록 하는 유일한 신체기관입니다. 손은 백 개의 언어보다 더 중요한 역할을 할 수 있습니다. 손이 없으면 지능이 발달할 수 없기 때문에 손은 제2의 뇌라고 말합니다. 어른들의 팔에서 떨어지는 것은 독립적이고 자율적으로 새로운 극복을 시도하는 것입니다.

손은 모든 것을 선택하고 탐색하는 유일한 도구입니다. 손은 몸의 신호등과 같은 역할을 합니다. 손가락은 심리적으로 훌륭하게 작업하는 작은 노동자입니다. 모든 것을 결정하고, 정확하게 하고, 측정하고, 조심하고, 생각하는 것, 명령하는 것, 중지하는 것이 손입니다.

부모님들은 손의 민감기를 활용하십시오. 몬테소리는 감각을 발달시키기 위해서 18개월~3세까지 손을 활용하여 물건을 자르고, 던지고, 꺼내고, 잡고, 끼워 넣고, 집고, 흔들려는 행동은 손의 민감기가 발달하는 시기라고 하였습니다. 손은 인간의 가장 귀한 보물이라고 할 수 있습니다.

- 엄지: 고민과 걱정을 해소해 주는 평화의 손가락입니다. '할 수 있다', '나는 곧 평화로운 마음을 가질 것'이라는 믿음을 가지도록 가르치십시오.
- 검지: 두려움을 해소하는 손가락입니다. 내 몸에 두려움을 해소하는 손가락이 있다는 것을 자랑스럽게 생각하십시오. 진실을 생각하도록 가르치십시오.
- 중지: 분노를 해소해 주는 손가락입니다. 중지는 우리 몸 안에

서 작용하는 미움, 분노, 시기심, 열등의식을 해소시키는 손가락입니다. 이때 사랑을 생각해 보라 가르치십시오.

- 애지: 비통, 눈물을 해소해 주는 손가락입니다. 즐거움, 반가움을 생각해 보도록 가르치십시오.
- 약지: 자존심, 피해 의식을 해소해 주는 손가락입니다. 자신감, 자아 존중감, 자아 정체성을 생각해 보도록 가르치십시오(조성자 역, 2011).

Tip

손의 민감기를 위해서 부모님들은 다음의 사항에 관심을 가지십시오.

1. 손을 활용할 수 있는 경험을 제공하십시오.
2. 손을 활용할 수 있는 기회를 의도적 · 계획적으로 제공하십시오.
3. 손 활동은 지능발달과 직접 연관된다는 사실을 주지하여야 합니다.
4. 손을 활용하여야만 고차원적인 정신세계로 발달할 수 있습니다.
5. 어린이들은 손 활동을 즐긴다는 점을 고려하십시오.

발

발은 자기가 원하는 곳을 어디든지 갈 수 있는 무임승차하는 자동차입니다. 발은 내가 원하는 곳으로 언제든지 갈 수 있는 이동 수단이고, 발이 부지런해야 몸 전체가 자기 기능을 완성합니다. 발은 우리 몸을 지탱하여 시간과 공간 개념을 발달시키는 역할을 합니다. 발은 걷고, 뛰고, 달리면서 우리 몸의 호흡 조절을 해주는 기관입니다.

귀

귀는 세상의 소리를 듣는 창문입니다.

귀는 듣는 것을 통해서 행동으로 옮길 수 있도록 지시하는 기관입니다. 소리의 높고 낮음, 괴음과 부드러운 소리를 통해서 우리들의 감정을 조절해 주는 역할도 합니다. 듣지 못하면 행동으로 옮기는 속도가 아주 느려지기 때문에 정서적 불안감을 일으킬 수 있습니다.

14

어린이들을 위한 뇌교육 커리큘럼

뇌는 5가지 감각 기관을 모으는 저장소

뇌는 5가지 감각 기관을 모으는 저장소입니다. 부모님들은 자녀의 뇌에 무엇을 저장시켜 줄까요? 뇌도 자기가 좋아하는 것과 싫어하는 것이 있습니다.

뇌가 좋아하는 것과 싫어하는 것

뇌가 좋아하는 것	뇌가 싫어하는 것
• "나는 할 수 있어."라고 말하는 자신감	• 난 할 수 없어
• 나는 좋은 생각을 할 거야	• 난 움직이지 않고 책상에 앉아 있을 거야
• 난 하루를 즐겁게 보낼 거야	• 모든 일을 귀찮다고 생각하는 것
• 난 운동을 좋아할 거야	• 나는 무능한 존재야. 노력할 필요가 없어
• 난 충분한 휴식을 취할 거야	• 자기 뇌와 멀어지는 사람
• 나의 뇌와 친한 친구가 될 거야	• 뇌를 규칙과 질서 없이 혹사시키는 것
• 나는 뇌에게 필요한 영양분을 줄거야	• 뇌는 자극적인 음식을 싫어함
• 나는 지혜로운 뇌를 가지고 싶어	• 짜증을 잘 내는 어린이
• 긍정 심리학을 응용할 것	• 자기가 직접 하지 않는 어린이
• 내가 선택한 일에 최선을 다할 것	• 탐색 활동을 싫어하는 어린이
• 최선을 다해 노력하는 것, 노력한 만큼 얻을 수 있음	• 폭력적 언어, 미움, 불쾌함
• 뇌에 꿈과 희망을 각인시키는 것	• 핑계, 남의 탓
• 자기 개발을 위한 도구로서 뇌를 활용하는 사람	• 남을 의지하는 것

놀이를 통해 자녀의 뇌 자극하기

Tip

뇌와 어떻게 놀아주고 상호작용을 하면 최고의 친구, 최고로 지혜로운 사람, 최고로 창의적인 사람, 최고로 부지런한 사람이 될 수 있을까요? 다음의 글을 생각해 보세요.

1 즐겁고 활발하게 놀고 운동을 좋아하는 어린이

2 다양하게 창조적 활동을 하려고 탐험하는 어린이

3 "나는 스릴 만점인 놀이기구도 탈 수도 있고, 책을 읽을 수도 있고, 달릴 수도 있어!" 라고 자신감을 가지는 어린이

4 무엇이든 모든 것을 직접 탐색하고 노력하는 부지런한 어린이

5 조용히 생각하면서 창조적 활동을 하려고 노력하는 어린이

6 '노는 것은 나쁘다.' 고만 생각하는 어린이

7 '아니야, 노는 것도 뇌를 사랑하는 거야.' 라고 생각하는 어린이

8 정말 무엇(어떤 것)이 올바른 것인지 알고 싶어하는 어린이

9 항상 용기 있게 스스로 하려고 노력하는 어린이

10 항상 시간을 규칙적으로 활용하는 어린이

11 생활할 때 질서와 규칙을 지키는 어린이

12 훌륭한 습관을 가진 어린이: 규칙적인 식생활, 규칙적인 일상생활, 적당하게 휴식하는 어린이, 몸과 마음이 건강하도록 운동을 규칙적으로 하는 어린이, 자연과 더불어 살아가는 어린이(정원 가꾸기, 텃밭 가꾸기, 하루에 정기적으로 운동시간을 가지기 등).

부모님들은 자녀들에게 다음과 같은 이야기로 뇌에 대한 기능을 정확하게 말해 줄 수 있습니다

- ㅇㅇ야! 엄마가 정확하게 설명해 줄까? ㅇㅇ야, 어떻게든 너의 뇌를 사용할 수 있는만큼 부지런하게 사용해야 해.
- 아빠와 함께 정원 일을 돕는다든가, 장난감을 정리해 보든지, 식구들과 함께 운동을 하든지, 자전거 타기를 하든지…. 아니면 ㅇㅇ가 가장 좋아하는 스케이팅을 타든지! 무엇이든 최선을 다한다면 ㅇㅇ의 뇌는 똑똑해지고 원하는 것을 성취하도록 ㅇㅇ를 안내할거야!
- 뇌는 자기와 놀아줄 때 활동하면서 발달하거든.
- 똑똑한 뇌는 자신이 만드는 것이지 다른 사람이 만들어 주는 것이 아니야.
- 어린이들의 뇌는 모두 건강하고 똑똑하기 때문에 누구든 똑똑한 뇌를 가질 수 있고, 똑똑한 뇌와 친구가 될 수 있지요.
- 그러나 더 중요한 것은 우리 모두가 건강한 뇌를 가지고 건강하게 자라야 되기 때문에는 뇌와 함께 사이좋은 친구가 되어야 하고, 가능한 한 많은 것을 할 수 있도록 노력해야 해! ㅇㅇ의 뇌는 ㅇㅇ가 훈련하기 나름이지!

■ ○○의 뇌는 ○○가 하는 일과 작업을 최선을 다해서 도와줄 거야.

■ 그러나 어떤 뇌도 자기가 움직여 주지 않으면 최고가 될 수 없고 똑똑한 뇌가 될 수 없어. 모든 뇌는 자기 주인과 함께 살아가기 때문이지.

영아기는 뇌가 활성화되는 시기

영아기는 뇌가 활성화되는 시기입니다.

신생아와 영아들의 뇌에 대한 정보

부모들은 자녀들의 뇌가 지금 이 순간에도 정보를 받아들이고, 처리하고, 메모리 뱅크에 저장하는 일을 지속적으로 진행하고 있다는 것을 알아야 합니다. 인간의 뇌를 가장 훌륭한 방법으로 활용하려면 생후 1년 이내에 질적 · 양적 정보를 제공해 주어야 합니다.

❶ 뇌 발달이 정상적으로 이루어지지 않으면 모든 발달에 영향력을 줍니다.

태아기 7개월에서 생후 2년 사이에 인간의 뇌는 가장 많이 발달하기 때문에 부모들은 자녀들의 운동자극을 통해서 뇌에 자극을 보내주어야 합니다. 이 시기 동안 성인 뇌의 절반 이상이 발달하기 때문입니다.

❷ 인간의 뇌는 3층 구조로 되어 있습니다.

인간의 뇌를 삼위일체 구조라고 말합니다. 뇌의 구조와 기능을 잘 알면 인생을 멋있게 살아가는 뇌를 만들 수 있고 뇌와 친한 친구로 평생을 재미있게 살아갈 수 있습니다.

■ 1층: 생명의 뇌

생명의 뇌인 파충류의 뇌는 '반사의 뇌' 라고 물리면서 기능으로는 혈액순환 조절, 내부기관 기능 조절, 자세반사, 도피반사, 반사활동을 통제하는 생명유지에 관계되는 역할을 합니다. 생명이 뇌가 파괴되면 즉시 뇌사가 일어나고 생명을 유지할 수 있지만 식물인간이 됩니다.

■ 2층: 감정의 뇌, 본능의 뇌

'감정의 뇌' 라고 불리면서 인간의 기본 욕구를 담당합니다. 식욕, 성욕, 종족보존, 개체 유지, 감정에 관계되는 쾌락, 슬픔, 기쁨, 행복, 불안, 공포심, 성냄 등과 같이 감정에 관계되는 영역입니다. 오늘의 나의 정서 상태는 2층 구조의 뇌 기능과 밀접한 관계를 가집니다. 뇌 교육에서 감정을 이입하고 전이하는 관계, 정서 상태를 긍정적으로 유지하도록 훈련하는 것, 인성교육, 마인드 컨트롤은 2층 구조에 영향을 받습니다.

■ 3층: 인간의 뇌, 이성의 뇌

인지, 사고, 생각, 기억, 의사결정, 판단력 등과 같은 이성적이고 고차원적인 정신기능을 담당하는 영역입니다. 외부세계와 타인과의 관계와 만남을 형성하면서 정신세계를 확장하고 창조적 작업을 관장하는 영역입니다.

3층 뇌 구조는 뇌간, 뇌변연계, 대뇌피질에 해당하며 뇌간과 뇌간과 연결되는 척수는 생명을 유지하는 데 필수 조건이며, 살아있는 뇌의 보호로 살아가는 뇌가 기능합니다.

살아가는 뇌 기능에 따라서 3개의 층으로 구분됩니다.

제1층은 행동제어를 담당하는 대뇌변연계(대뇌 기저핵, 고피질, 구피질)로서 '강하게 살아가는 뇌' 입니다. 대뇌 기저핵에 있는 편도체는 긍정, 부정, 공포, 감정을 다스리는 기관입니다. 편도체는 인간의 심성, 마음에 영향력을 줍니다.

제2층은 외부환경에 적절하게 대체하고 적응하는 적응행동을 통제하는 신피질계층입니다. 신피질 영역이 2층에 속하며 일반적으로 훌륭하고 잘 살아가는 뇌라고 말합니다.

제3층은 미래 목표 설정, 가치관 추구, 자아 정체성을 추구하고, 자기의 목적을 성취하기 위해서 창조 작업 행위를 조절합니다. 3층도 신피질계층입니다. 전두엽이 이에 속하며 인간이 가장 '멋있게 살아가는 뇌' 입니다.

❸ 어린이들의 뇌는 민감기를 통해서 발달이 활발해집니다.

뇌 발달은 어린이들의 민감기 발달과 일치합니다. 사람의 뇌는 1,000억 개 이상의 뉴런이 있는데 대뇌피질에 300억 개 이상이 집중되어 있습니다. 뉴런은 체세포, 축색돌기, 축색으로 구성되어 있습니다.

체세포는 뉴런에 영양을 공급하고, 생명을 유지하며, 수상돌기는 뉴런이 내보내는 전기신호를 수신하여 세포체에 전달하는 '입력'하는 기능을 하고 축색은 전기신호를 체세포에서 다른 세포체로 송신하는 '출력' 기능이 있습니다. 이러한 기능은 민감기 때에 가장 많이 활성화됩니다. 민감기에 뇌 발달 특징을 보면 다음과 같습니다.

- 민감기는 생물학적 욕구가 강하게 일어나는 시기이므로 뇌 안에 있는 모든 기능들이 효과적이고 집중적으로 발달합니다.
- 조금만 노력해도 생물학적인 욕구 때문에 많은 성과를 얻을 수 있습니다.
- 집중력과 관심이 강하게 일어납니다.
- 뇌기능이 다양하게 발달합니다.
- 민감기가 뇌기능을 리더해 갑니다.
- 뇌는 모든 민감기에 빠르게 반응합니다.

아주 신기한 특징을 가지고 있는 인간의 뇌

인간의 뇌는 아주 신기한 특징을 가지고 있습니다

부모님들은 뇌의 기능에 관심을 가져야 합니다. 대뇌피질 뒤편에 측두엽, 두정엽, 후두엽이 있는데 이는 외부의 정보를 수용하고 처리하는 기능을 가지고 있습니다.

- 5가지 감각기관을 통해서 외부 정보를 인지하고 받아들이는 것이 지각 작용입니다. 지각 작용은 5가지 감각기관에 의해서 작용하는데 후각 이외는 모두 뇌의 뒤편에서 작용합니다.
- 뇌의 지각 작용을 통해서 인지하고, 이해한 정보는 필요에 의해서 새로운 정보로 가공되기도 합니다.
- 5감각을 통해 얻은 감각정보는 처리과정을 거쳐 의미와 가치를 판단하는 기능을 인지와 이해라고 말하고, 인지와 이해된 정보는 필요에 따라서 새로운 정보로 가공됩니다. 뇌의 창의적 작업이라고 말할 수 있습니다.
- 두정엽, 축두엽, 후두엽은 외부 정보를 수용하여 처리하고 가공하여 저장합니다.
- 두정엽, 축두엽, 후두엽은 환경의 적응력을 높이기 때문에 '잘

살아가는 뇌' 라고 말합니다.

- 전두엽: 정보를 재통합하여 새로운 지식을 생산하고, 가치를 판단하여 적절하고 모범적인 행동으로 명령하고, 저장된 지식(기억)을 이용하여 생각, 새로운 지식을 창조하고, 감정을 창출하고, 타인의 마음을 배려하고, 의사소통을 잘하고, 감정과 행동을 통제하는 기능을 합니다.

민감기에 활발하게 증가하는 시냅스

시냅스는 민감기에는 활발하게 증가합니다

- 모든 민감기는 뉴런 사이에 접점에 속하는 시냅스 수가 증가합니다.
- 1개의 뉴런은 대략 1만 개의 시냅스가 있고, 이런 뉴런은 마지막 가지의 시냅스에서 상호 접점을 형성하고, 뉴런끼리 접점을 형성하면 신경회로가 형성되고, 뇌 기능이 향상되고, 영리한 뇌로 성장하게 됩니다.
- 뇌에 시냅스가 많은 시기는 7세까지입니다.

- 생후~10살까지는 뇌의 감수성이 풍부해지는 시기입니다.
- 신경회로는 사용하지 않으면 자동 소멸됩니다.
- 0~7세까지는 뇌에 시냅스가 많은 시기이고, 신경회로는 환경에서 경험, 학습이 뇌기능 발달에 중요하며, 몸, 마음, 뇌 발달이 동시에 이루어지도록 제공되어야 합니다.
- 민감기는 시기가 지나면 사라지기 때문에 민감기를 활용하는 것이 교육 기술입니다.

뇌 속의 '무엇에 대한'과 '어디로'의 뇌경로

뇌에는 '무엇에 대한 뇌경로'와 '어디로의 뇌경로'가 있습니다(김남미 역, 2011).

무엇에 대한 뇌경로

'무엇에 대한 뇌경로'는 시각을 통한 정보는 뇌의 시각 영역에 전달되고, 색과 형태에 관한 인식은 측두엽으로 향하는 경로에서 처리되는데 이를 무엇의 뇌경로라고 부릅니다. 관심을 집중하던 사물에서 다른 사물로 스스로 관심을 옮겨가는 능동적 주의와 관련됩니다. 신생아는 '어디로의 뇌경로' 와 관련된 뉴런의 거의 성숙한 상태입니다.

집중하는 사물이 자기 자리에 있는 동안 일정 시간은 지속적으로 사물에 집중할 수 있지만 '무엇에 대한 뇌경로' 와 관련된 뉴런이 성숙되면 능동적으로 주의와 관심을 옮길 수 있습니다. 1~2 사이에 시각, 청각을 포함한 오감에 대한 주의력이 발달합니다.

집중력, 주의력, 관심은 스포트라이트처럼 중요한 것, 흥미 있는 것을 비추는 것입니다.

어디로의 뇌경로

'어디로의 뇌경로' 는 거리나 방향처럼 공간과 관련된 인식은 두정엽으로 향하는 경로입니다. 관심을 집중되던 사물이 사라짐으로써 다른 사물에 관심을 기울이던 수동적인 관심과 관련이 있습니다.

두 경로는 마지막 전두 연합령에 도달하여 이성, 판단력, 자기 인식과 같은 고차원적인 정신 기능을 담당하는 영역입니다.

어린이가 질서에 민감하게 반응할 때 장소, 거리, 방향의 공간을 인지하는 두정엽의 기능이 활발해진다고 볼 수 있습니다.

두정엽의 뉴런은 유아기에 발달하므로 어린이들에게 공간적 배치, 고조 관계에 대한 인식과 주의력을 강화하기에 적절한 시기입니다.

질서의 민감기는 공간인지, 의미 이해와 관련된 두정엽이 활성화되는 시기입니다. 그러므로 자신을 에워싸고 있는 사물 사이에 관계를 이해하는 내부감각을 정돈하는 시기이지만, 지능이 발달해서 추상적인 사고가 발달하면 자연적으로 사라집니다.

어린이들의 질서에 대한 집착은 자신을 둘러싸고 있는 사물과의 관계를 이해하는 내부감각을 정돈하기 위한 것이고, 내부감각이 형성될 때는 어린이는 주위환경을 정돈된 것으로 인식하고, 정돈된 환경에서 자기 위치를 확인하는 것입니다.

어린이들의 머릿속에 자기의 생활공간의 이미지가 구체적으로 그려져 있기 때문에 일부가 변하면 강하게 저항하고 불안하게 느낍니다.

내부 공간 이미지가 변화는 것이 마치 자기 자신의 변화, 자신의 붕괴라고 생각합니다. 이러한 현상이 질서감을 만들어냅니다. 무엇보다 어린이가 규칙적인 생활을 하도록 생활환경과 습관을 길들이고 안심시키는 것이 중요합니다.

어린 시절은 작은 사물에 대한 민감기이기도 합니다.

'작은 사물의 민감기'는 어린이들의 일상생활 속에서 구체적인 경험으로 연결됩니다. 그러므로 어린이가 환경 속에 있는 사물과 환경을 이해하는 데 영향력을 미치게 되므로 사물의 현상에 관한 관심, 움직임, 진화와 변화에 관심을 가지려는 심리적 작용을 유도합니다.

로버트 판츠(Robert Fantz)는 신생아의 집중력의 연구결과 신생아는 색 자극보다 모양자극에 더 민감하고, 모양 자극 중에 동심원보다 사람의 얼굴에 더 집중한다는 사실을 증명하였습니다. 또한 사람의 얼굴 중에 눈 주변에 집중한다는 사실을 증명하였습니다(Newsweek, 2006).

15

평화로운 가정, 평화로운 어린이로 양육하는 커리큘럼

어린이들에게 평화란 무엇일까요?

에머슨은 『자립』이라는 저서에서 평화를 다음과 같이 말하고 있습니다.

> 자기가 하루 종일 생각하는 모든 것, 그 자체가 나의 실존이고 나라는 사람이다. 자신에게 평화를 줄 수 있는 사람은 자기 자신뿐이다.
>
> -Emerson, 『자립』 중-

그렇습니다. 내가 생각하고 있는 것이 나의 지금 모습이고, 내가 생각하는 대로 내가 만들어진다는 것도 재미있고 의미 있는 말입니다. 그래서 마음과 생각을 우리들의 영혼이라고 말하는지 모릅니다.

몬테소리 부모님들은 평화로운 마음을 가지고 있는지요? 우선 자신을 조용히 가다듬고 생각해 보십시오.

저자가 "몬테소리 부모들은 평화로운 마음을 가지고 있을까?"라는 질문을 하기 전에 나 자신의 마음 속에 평화로운 마음을 간직하고 있는가 생각해 보았습니다. 그리고 평화란 무엇인가를 다시 조용히 생각해 보았습니다.

현대인들이 인터넷 속도에 맞추어 살아가는 데서 비롯되는 스트레스, 속도에 대한 거부감, 현재 과학이 최고로 발달한 시기에 맞추어 살아가는 고달픔과 무력감과 같은 요소들은 인간의 평화로운 마음에 흠집을 내어 심리적 외상을 강하게 만들어 갑니다. 부분적이지만 예전에 비해 풍요로운 물질적 삶의 형태가 인간의 안정감, 평화로움을 조금씩 앗아가고 있습니다. 이러한 현상을 예방하기 위해서 우선 가정이라는 울타리 속에 도사리고 있는 평화에 대한 이야기를 나누고자 합니다.

'평화란 이런 것' 이야, 단순하게 말하기

어린이들에게 '평화란 이런 것' 이라고 단순하게 말할 수 있습니다.

평화는 나로부터 이루어져야 합니다

- 나 자신이 평화로우면 가정이 평화롭고, 세상이 평화롭습니다.
- 평화는 진흙 속에서 모든 어려움을 극복하고 너무나도 밝고 아름답게 피어난 연꽃과 같은 것입니다.
- 비둘기는 너무 순해서 평화를 상징합니다. 우리들은 비둘기처럼 순수해야 합니다.
- 나의 몸을 깨끗하게 샤워한 다음에 평화로움을 느낍니다.
- 나는 신선한 음식을 먹을 때 평화로워집니다.
- 나는 깨끗한 공기를 많이 마시고 줄넘기를 할 때 평화로워집니다.
- 나는 충분히 잠을 자고 편안하게 놀면 평화로워집니다.
- 나는 내 몸이 편안하고, 아름다운 마음을 가졌을 때 평화로워집니다.

평화는 공동체로부터 이루어져야 합니다

- 평화는 우리들의 공동체를 보호하는 것입니다.
- 나의 방을 깨끗이 청소할 때 나는 평화를 느낍니다.

- 내 방에 있는 장난감과 교구를 정리 · 정돈할 때 평화로워집니다.
- 나는 집에서 엄마를 도와줄 때 평화로워집니다.
- 나는 학교에서 배운 것을 복습하고 숙제를 다했을 때 평화로워집니다.
- 나는 집에서 엄마가 부탁한 심부름을 했을 때 평화로워집니다.
- 나는 우리 식구들과 즐겁게 가정 오락회를 했을 때 평화로워집니다.

평화는 내가 살아가는 환경으로부터 이루어져야 합니다

- 나는 우리집 꽃 화분에 물을 줄 때 평화로워집니다.
- 나는 우리집에 있는 애완용 개인 뚱순이와 함께 즐겁게 놀 때 평화로워집니다.
- 나는 내 책상에 있는 모든 물건을 제자리에 정리 · 정돈할 때 평화로워집니다.
- 나는 우리집에 있는 빈 병과 캔을 모아서 재활용할 때 평화로워집니다.
- 나는 아빠 엄마를 도와서 쓰레기 분리수거를 도울 때 평화로

워집니다.

- 나는 가족들과 일주일에 한 번 집안 대청소를 할 때 평화로워집니다.
- 나는 우리집 정원에 예쁜 봄, 여름, 가을, 겨울 꽃을 심었을 때 평화로워집니다.

평화는 타인을 배려할 때 이루어집니다

- 나는 우리 가족들을 진심으로 도와줄 때 평화로워집니다.
- 나는 동생과 함께 맛있는 과자를 나누어 먹을 때 평화로워집니다.
- 나는 나와 다른 언니, 오빠, 동생 그리고 친구의 모습을 좋아하고, 존중하고 수용할 때 평화로워집니다.
- 나는 부모님에게 잘못한 일에 대해서 용서를 청할 때 평화로워집니다.
- 나는 움직임이 불편한 할머니 할아버지를 도와드리고 원하시는 심부름을 하였을 때 평화로워집니다.
- 나는 도움을 필요로 하는 모든 사람들을 돕겠습니다. 세계 어린이들의 평화를 위해서 친구들과 함께 평화를 나누고 싶습

니다.

- 나는 평화를 위해서 우리 가족들과 손을 잡고 평화의 기도를 드리겠습니다. 우리 가족 모두가 지금 나처럼 평화롭고 행복하기를 바랍니다.

자녀들을 위한 평화교육은 바로 이러한 것입니다. 엄청난 이론, 이웃 사랑, 인류애를 위한 평화를 알아가기 위해서 우선적으로 작은 평화를 나로부터 실천하도록 가르치십시오.

가정이 평화로우면 사회가 평화롭고, 사회가 평화로우면 세상이 평화롭습니다.

가정의 평화는 세상의 평화입니다. 부모님들은 아낌없이 가정의 평화를 지키십시오.

Tip

우리 가정의 평화를 위해서 가장 중요하다고 생각되는 것부터 기록해 보십시오.

1

2

3

4

5

가정의 평화를 위해서 우선적으로 해야 할 일이 무엇입니까?

1

2

3

4

5

16

부모와 함께 하는 우주 생태교육 커리큘럼

기상이변으로 생태계가 신음하는 21세기

21세기는 자연과 생태계와의 전쟁입니다

요즈음 TV의 뉴스를 들으면 세계 각국의 기후 이변에 대한 보도가 새삼스럽지 않게 들립니다. 생태학자들은 '이대로 간다면 앞으로 30년을 넘지 못해 우리나라에 사계절이 없어지고 아열대성 기후로 변한다.' 고 말합니다.

어쨌든 인간의 무자비한 개발과 현재 최고로 발달한 인간 문화와 문명 그리고 과학이 자연에 자존 능력을 완전히 탈취해 버렸습니다.

어린이들은 가끔 '지구가 아파요' 라는 말만 듣고는 쉽게 이해를 하지 못합니다. 우주의 신비와 생명체의 신비가 사라지고 있습니다.

우리 모두가 자연을 병들게 했고, 아프게 만든 것입니다. 부모님들이 자녀들에게 생태계에 대한 지식을 가르쳐야 합니다.

토마스 베리(Berry T., 1999)는 현재라는 시간은 절망의 시간이 아니라 희망에 찬 활동의 시간이라고 말합니다. 어린이들의 활동을 방해하면 짜증을 내듯이 자연도 자연적인 순환을 방해한다면 즉시 이상 현상이 나타납니다. 우리 모두는 자연의 자연적 순환을 도와주어야 합니다.

또한 토마스 베리는 생태계는 지금 우리들에게 가장 중요하고 으뜸가인 입법자이고, 경제적 기업가이고, 훌륭한 과학자이고, 유능한 기술자, 치유자, 계시자, 예술가, 교사, 훌륭한 영성가, 모델가로 거듭나야 할 시간 앞에 서있다고 말합니다(Berry T., 1999). 이 모든 것들은 인간에게 적용되는 것이 아니라 생태계에도 적용되어야 합니다.

사랑은 인간만이 원하는 것이 아닙니다. 이 사랑을 인간 사회만으로 제한될 것이 아니라, 자연계로 확산되어야 합니다. 자연도 인간의 사랑을 간절히 바라고 있습니다. 자연에 대한 사랑의 의무는 현대인들의 우주적 사명감이고 책임감이고, 위대한 과업입니다.

몬테소리는 우주는 위엄있는 존재라고 말했습니다. 때문에 위엄있는 존재로 부모들과 어린이들이 함께 지속시켜야 하고 그렇게 만들어가야 합니다.

우주는 유일한 것인 동시에 다양체를 가지고 있고, 다양한 자연현상, 다양한 학문적 총체, 다양한 문화적 총체입니다. 신비스러운 우주의 다양체를 우리 어린이들이 볼 수 있고, 경이로움을 느낄 수 있고, 보존할 수 있도록 영원히 보존하여야 합니다.

우리 어린이들은 우주와 함께 인생행로를 의지하면서, 달래면서, 고마워하면서 동행하여야 합니다. 우리들이 가지고 있는 것, 볼 수 있는 것 모두는 우주의 일부분이기 때문입니다. 우리 인간도 우주 속에서 살아가는 아주 작은 한 생명체일 뿐입니다.

토마스 베리는 현대는 과학적 지식을 최대한으로 보유한 시간이라고 말합니다(Berry T., 1999). 과학적 지식이 지구를 보호하려는 지식과 동떨어져 있으면 안 됩니다. 현재는 이 둘이 너무 동떨어져 있기 때문에 미래의 어린이들은 황폐한 우주를 볼 수밖에 없습니다.

부모님들에게 가장 신선하고 건강한 공동체의 1순위는 인간 공동체인 가정 공동체가 아니라 우주 공동체 안에 가정이 소속되어 있습니다. 우리는 우주 공동체 안에 소속되어 있습니다. 몬테소리의 인류 공동체에 대한 개념이 우주 공동체를 의미하고, 우주 공동체의 생태학적 · 인간적 평화를 원하고 있습니다.

과학 발달과 과학 지식은 인간을 우주 속에서 다른 존재와 친밀하게 존재하도록 만드는 지식이 아니라 인간이 활용할 수 있는 최대의 기술을 개발하고 연구하는 것이기 때문에 자연과 인간을 전-관계로 연결시켜 서로 순환하는 것을 방해합니다. 그러나 과학 기술이 인간과 자연을 전-관계로 연결시키는 작업을 서둘러 개발하여야 합니다.

지구를 황폐화로 만든 원인은 인간이 아닌 다른 존재에게 아무런 권리를 가지지도, 주지도 못한다는 인간 중심 생각과 행동 때문에 인간은 우주의 왕으로 스스로 군림하였지만 이제 생태계의 교란으로 왕궁이 파괴되는 극단적인 상황까지 우리들을 위협하고 있습니다. 우리들은 미래의 어린이들을 위해서 자연을 섬기고, 자연을 사랑하고, 자연을 존중하면서 자연과 더불어 살아가는 방법을 어린이들에게 가르쳐야 합니다.

몬테소리는 모든 생명체와 무생명체는 자기 위치와 역할이 있음을 강조하고 인간들에게 우주 안에서 자기 위치와 역할을 수행할 수 있는 사명감을 완성하도록 강조하고 있습니다.

부모들은 어린이들이 빨리 서둘러서 자연과 영적 교감을 할 수 있도록, 자연과 더불어 자연 속에서 자아를 발견하고 자연과 더불어 살아갈 수 있도록 자연을 치유하여 건강한 자연을 만들어가야 합니다. 부모들이 서둘러야 할 가장 급한 사명감입니다.

지구에 존재하는 모든 생명체든 무생명체든 모든 존재는 존경받고 인정받을 권리가 있습니다. 자녀들에게 우주에 존재하는 모든 것을 사랑하고 존경하도록 가르치십시오. 지금 서둘러 인간만을 위한 과학적 지식을 생태계를 위한 과학적 지식으로 전환하여 생태계에 대한 고유의 지식을 가지도록 가르쳐야 합니다.

토마스 베리(Berry T., 1999)는 인간이 과학의 힘으로 지구 황폐화 시대에서 인간과 지구가 상호 유익했던, 서로 껴안고 보듬으며 살았던 공존 시대로 가치 전환을 하는 것이 지금 우리들과 우리의 자녀들이 위대한 과업을 완성하는 길을 찾아줄 수 있는 방법이라 말하고 있습니다. 또한 그는 인간이 우주와 친밀한 관계를 유지할 수 있었던 것은 인간 생존을 지키는 어머니의 우주가 먼저 인간에게 친밀하게 다가갔고, 껴안고, 함께 살아가려고 노력하였기 때문이라고 말합니다. 지금은 반대로 인간이 자연에게 새로운 힘, 새로운 에너지 자존 능력을 아낌없이 발휘하도록 보호하고 치유해 주어야 합니다(Berry T., 1999).

인간은 인간 세계만을 변화시킨 것이 아니라 지구의 화학적 · 지질학적 구조, 기능, 대기, 토양 수질은 수십억 년 동안 진화한 자연을 인간이 단시간에 파괴시켜 그들의 생명권을 침해하고 파괴했습니다.

인간이 지구에 생존하기에 아무런 문제가 없는 물리적 환경을 완전히 준비한 다음에 생명을 출현시켜 행복한 삶을 살아왔지만 인간의 안녕과 편리함을 추구하던 이기심 때문에 모두가 아파하고 있습니다. 지구는 위대한 요소인 태양의 빛, 에너지 속에서 상호작용하는 대지, 물, 공기, 생명은 항상 서로 상호작용을 할 수 있어야 합니다. 우주에 존재하는 모든 생명체들은 환경을 위한 창조적 작업자이고, 정제자이고, 보존자입니다. 우주에 에너지를 생성해 주는 주역들입니다. 그러므로 어린이들에게 모든 생명체를 서로 사랑하고, 자연을 존중하라고 가르쳐야 합니다.

지구 공동체에서 인간만이 아니라 자연계의 구성요소들도 법적 권리를 보호받을 필요성이 있기 때문에 모든 생명체의 서식지를 침범하지 말아야 합니다. 생명은 재생이 불가능하고 한 번 사라지면 그대로 멸종하게 됩니다. 인간의 근본적인 모습으로 다시 태어날 준비, 재창조의 준비가 필요한 시기임을 자녀들에게 가르쳐야 합니다. 부모님들은 무엇보다도 자녀들에게 필요한 자연환경이 제공되어야 하고, 자녀들에게 자연 환경 속에서 건강한 몸, 마음, 정신, 영성을 양육하여야 합니다.

17

몬테소리의 5가지 영역 커리큘럼

5가지 감각을 5가지 영역에 맞도록 가르치기

자녀들에게 5가지 감각을 5가지 영역에 맞도록 가르치십시오. 5가지 영역은 일상 영역, 감각 영역, 수 영역, 우주 영역, 언어 영역입니다. 그 내용은 다음과 같습니다.

일상 영역

일상 영역은 어린이들에게 삶을 살아가는 데 필요한 기본적인 삶의 양식을 가르치는 것입니다.

- 인사하는 것: "안녕하세요. 저는 예슬입니다."라고 인사하는 것은 상대방과 처음으로 관계를 만드는 것입니다. 그러므로 인사는 단순하게 자기를 알리는 것 이상으로 관계를 형성하는 광의적인 의미를 가집니다.
- 옷을 입고 벗는 것: 그동안에는 집에서 부모님이 보살펴 주었지만 이제 어린이집, 유치원에 혼자서 독립적으로 모든 것을 해야 하기 때문에 내 몸을 관리하는 것부터 배워야 합니다.
- 질서와 규칙을 지키는 것: 가정에서 질서와 규칙을 배움으로써

사회에서 질서와 규칙을 지킬 수 있는 행동으로 연결됩니다. 질서와 규칙은 일반 사람들이 살아가는 데 필요한 규범을 배우는 다중문화적 지식입니다. 사회적 규범은 자기 자신, 자기 나라의 정체성을 알리는 것입니다. 만약 어떤 외국인이 젓가락을 사용하여 김치와 불고기를 집어먹으며 숟가락으로 밥과 국을 떠 먹는 우리의 모습을 본다면, 그는 우리가 식사하는 모습만으로도 한국인이라는 것을 즉시 알 수 있을 것입니다.

- 다른 사람을 배려하는 것: 다른 사람을 존중하고, 사랑하고, 배려하고, 보살피는 것은 바로 자신에게 하는 것과 다름없습니다. 다른 친구가 작업을 할 때 기다려주고, 잘했다고 응원해주는 것은 다음에 그 친구가 다시 나에게 할 수 있는 기회를 미리 해준 것과 같습니다.

감각 영역

감각은 세상을 열어가는 창문이라 했습니다. 감각이 발달해야만이 어린이들이 정상적으로 성장할 수 있습니다. 감각은 인간의 지성을 만들어가는 가장 훌륭한 도구입니다.

수 영역

수는 인간의 뇌를 조직적이고, 논리적으로 발달시키는 데 필요한 기초적인 요소입니다. 수는 논리이고, 정교성이고, 세상을 정확하게 보는 눈을 길러주는 것입니다.

우주 영역

몬테소리 교육의 가장 근원적 요소인 우주교육은 '나는 누구인가?', '나는 어디에서 왔는가?', '나는 왜 지금 여기에 있는가?'를 가르쳐 우주에서 자기의 위치와 자기 역할을 진실하게 수행하도록 가르치는 것입니다.

언어 영역

언어는 사람이나 사물과 대화를 하고, 글을 통해 세계의 문화를 학습하고, 세계 공동체를 만드는 기초입니다. 어린이들은 언어를 통해서 인지 발달을 확장합니다.

18

긴밀한 협력 · 파트너십 관계의 부모와 자녀 커리큘럼

자녀들과의 협력 · 파트너십 관계를 존중하기

자녀들과 협력 관계, 파트너십 관계를 존중하십시오

부모들은 자녀들과 존중과 협력 관계에 균형을 조화롭게 유지하셔야 합니다. 인간 관계에서 존중과 협력은 부모들이 원하는 것과 그것을 성취하기 위한 훌륭한 방법이 됩니다. 대부분의 부모들은 자녀와의 일상적인 대화 중에 "나는 자녀로부터 존중과 협력을 좀 더 원한다."라고 주기적으로 말하는 자동 목소리 알람시계를 가지고 있을지 모릅니다. 존중과 협력은 부모들이 가지는 기본 욕구이기 때문에 오히려 간단할 수 있습니다. 우리들은 다음의 글에 귀기울일 수 있습니다.

만약 한 세대가 폭력이 없는 존경심으로 양육되었다면 어떻게 되었을까요?

- 자녀들은 부모들이 살아가는 인생과정에서 모든 것을 배운다는 것을 기억하십시오.
- 자녀와 협력하십시오. 자녀들은 부모를 원하고 있습니다.
- 부모들의 욕구와 자녀의 욕구에 동등한 가치를 부여하십시오. 자녀는 자기의 인생이 있고 자기의 삶이 있습니다. 당신의 것

이 아니라 독립된 인격체입니다.

- 부모들은 자녀에 대한 바람과 기대감으로 다시 바라보십시오.
- 기대감과 바람은 자녀를 위한 것입니까, 아니면 부모 자신이 원하는 것입니까?
- 존중하는 양육 방법을 개발하고 실행하십시오.

사랑을 주고받는 부모와 자녀 사이 협력 관계

부모와 자녀 사이에 협력 관계는 사랑을 주고받는 것입니다.

대부분 부모들은 자녀들과 주고받는 파트너십 관계가 아니라 일방적으로 부모가 자녀에게 원하는 것만을 생각합니다. 다른 한편으로 자녀가 부모들이 원하는 것을 행동으로 옮기지 않으면 비협력적이라고 야단치고 화를 냅니다. 그때부터 상황은 비방, 비난, 언쟁 높이기, 갈등 관계로 변질됩니다. 부모님들은 협력이 무엇을 의미하는지 깊이 생각해 보십시오.

실제적으로 자녀의 불평 알람시계는 부모들이 자녀의 생각을 고려하지 않았을 때 가장 요란스럽게 울어대는 자연스러운 '따르릉'이고 결과물입니다.

자녀와 공감하는 협력이란 단어의 의미

부모님들은 협력이란 단어의 의미를 자녀들과 공감하십시오

협력(協力)은 공동 창작자, 공동 저자와 공동 작업자와 같이 함께하는 것으로, '협력' 이라는 단어에서 '력(力)' 자는 '일한다' 라는 의미를 가지고 있습니다. 즉, 협력은 함께 일한다는 의미입니다. 진정한 협력은 명령하는 것이 아니라 상호적인 문제 해결과 의사결정뿐만 아니라 자녀의 인생에 영향을 미치는 규칙들에 관해 상호동의해서 함께 일하는 것입니다(Hart S., & Hodson V. K., 2006). 협력이란 단어를 부모들이 우선 적용하십시오.

부모님들은 다음에 말을 음미해 보십시오.

> 홀로 있을 때보다 함께 할 때, 더불어 할 때 우리는 더 현명해지고 지혜로워질 수 있다. 우리는 현명함과 지혜로움을 이끌어낼 수 있는 방법을 알 수 있다.
>
> -『Respectful Parants Respectful Kids』 중-

Tip

가정사에서 부모는 '공동' 이라는 단어를 어떻게 이해하고 실천으로 옮기고 있습니까?

가정생활에서 부모가 공동 협력이란 단어를 지나쳐 버린다면 가족 구성원들의 행동에 대한 대가와 결과는 무엇일까요?

가정생활에서 부모는 '공동 협력' 이라는 단어를 어떻게 생각하십니까?

부모님들이 가족구성원들과 상호협력에 기여할 수 있는 방법을 기록해 보십시오.

1

2

3

4

5

부모-자녀의 협력은 훌륭하고 긍정적인 생존 수단

가정에서 부모-자녀의 협력은 훌륭하고 긍정적인 생존 수단이 될 수 있습니다(Gallensky E., 2010)

협력은 부모들에게 있어 목적이기 때문에 부모들이 좀 더 많은 것을 원하는 것입니다. 부모님들은 협력 방법과 기술을 개발하여야 합니다. 모든 생명체들은 종족번식과 공존의 삶의 방식을 위해서, 협력을 지속시키고, 확장하기 위해서 협력을 배워야 합니다. 인간들의 관계가 긴밀하게 국제사회에서 이루어지기 위해서, 성공적으로 살아가기 위해서 협력의 장점을 배우고 실행하여야 합니다.

생존 방법으로 협력을 선택하는 인간과 생태 공동체

인간 공동체와 생태 공동체는 생존 방법으로 협력을 선택하였습니다

진화 생물학자들은 '협력은 생존에 있어 유일한 방법' 이며, 대초원이나 열대우림과 같은 원숙한 생태계는 적대적 경쟁이 있을 때보다 진정한 협력 관계가 이루어질 때 정상적인 진화가 이루어진다고 말했습니다(Gallensky E., 2010).

생명체들은 서로 협력하는 방법들을 배우면서 살아갑니다. 인간 생태계, 자연 생태계인 모든 생물체들은 완전하게 서로를 충분히 협력을 활용하고 있습니다.

우주에 존재하는 모든 생명체들은 서로의 자원을 재활용하면서 상호의존적으로 작용할 수 있도록 협력하고 있습니다. 모든 생명체들은 생산물과 서비스들은 모든 다른 생명체들이 건강하게 유지될 수 있는 방법으로 분배하고 협력합니다. 이러한 의식이 바로 공존적인 생존방식인 것입니다.

우리 인간이 우주의 거대한 사회 관계의 일부분이라는 것은 우리의 행복은 다른 사람의 행복과 긴밀히 관계되어 있다는 것을 깨닫는 상호의존 관계라는 것은 왜 협력이 가정에서만의 조화뿐만 아니라 모든 인간 관계에서 생존이라는 것을 깨달고 인식함으로써 개발해야 하는 방법이라는 것을 알게 될 것입니다.

가정에서 부모가 매순간 부모가 자녀와 함께 상호작용을 한다는 것은 자녀에게 영향력을 발휘하거나 자녀와 함께 영향력을 행사한다는 것입니다. 이러한 두 사람의 상호작용은 친근감을 느끼게 될 것입니다.

> 양육은 가족구성원 서로에게 역학적인 관계로 이루어지는 것입니다. 서로 간에 진심으로 사랑함으로써 우리가 가르치고 훈계하며 혹은 우리가 원하는 것을 강요하는 목적을 행할 때 가질 수 없는 생명력과 기쁨이 존재합니다.
>
> -『Mind in the Making』 중-

Tip

부모가 일방적으로 양육하면서 사용하는 표현들은 일방적으로 사용하고 있는지 생각해 보십시오.

1 나는 네가 지금 즉시 이것을 하기 바란다. 만약 하지 않는다면….

2 엄마/아빠는 너에게 똑같은 질문하기 싫거든!

3 시키는대로 해주어야 해!

4 부모님 말씀에 절대로 토 달지 마!

5 난 네가 어떤/무슨 생각을 하든 관심 없어!

6 네가 놀고 싶어하는 것을 나도 알고 있지만 그래도 너는 지금 해야 할 일을 해야 하거든.

7 너는 몇 번이나 말해야 알아듣겠니?

서로 존중한다는 것은 서로 지켜보는 것

서로가 존중한다는 것은 서로를 지켜보는 것입니다. 훌륭한 교육은 부모와 자녀 사이에 협력하려는 의지가 가능해야 할 뿐만 아니라 상호존중이 존재하는 곳에서는 이루어지는 인간 관계의 당연한 결과입니다.

Tip

협력할 때 이루어지는 존중의 의미가 여러 면에서 이용되고 오해되어지고 있습니다. 부모님들은 다음의 질문들을 생각해 보십시오.

1. 부모가 자녀로부터 더 많은 존중 받기를 원한다는 것은 무엇을 의미하나요?
2. 당신의 자녀가 부모로부터 좀 더 배우고 좀 더 경청하는 것을 원합니까?
3. 부모 자신의 상황과 욕구를 충족시키기 위해서 자녀들이 좀 더 이해주기를 원하십니까?
4. 부모-자녀 사이에 언쟁하는 것이 줄어들기를 원하십니까?
5. 자녀들이 부모의 의견에 긍정적이라고 동의하십니까?
6. 자녀가 부모를 존중하고 높이 평가해 주기를 원합니까? 아니면 자녀가 말대꾸를 하지 않고 부모들이 원하는 대로 행동해 주기를 바랍니까?

위에서 지금까지 언급한 모든 것을 부모들은 바랄 것입니다. 존중을 이해하는 데 있어서 다양한 방법들이 있음에도 그것을 획득하고 요구하는 것은 왜 이렇게 힘이 들까요? 대부분의 부모들에게 존중은 다양한 생각과 느낌, 욕구를 의미하는 포괄적인 단어입니다.

Tip

부모들은 자신에게 적용시켜 보면서 다음에 시사점을 생각해 보십시오.

1 부모님들에게 존중이란 무엇(어떤 것)을 의미하나요?

'존중' 이란 단어의 가장 중요하고 핵심적인 의미는 깊이 관찰하고 보는 것입니다. 부모님들은 무엇을 볼까요?

부모님들에게 다음과 같은 것을 제안하고 싶습니다.

다른 사람을 존중한다는 것은 그들이 직접 경험하는 것을 관찰하고 보는 것이며, 특히 그들의 현재 느낌과 욕구에 관련된 것을 보고 관찰하는 것입니다.

부모는 자녀들을 바라볼 때에 항상 가장 중요한 초점이 무엇인가를 선택할 수 있습니다. 부모는 부모들의 견해, 욕구, 판단에 근거하여 자녀들의 행동을 바라볼 수 있습니다. 혹은 자녀들이 필요로 하는 것, 느끼는 방법과 관련해서 그들의 생각과 견해에 근거하여 자녀들을 직관할 수 있습니다.

자녀의 나쁜 행동에 초점을 맞추는 부모들

자녀의 잘못된 부정적인 면에 초점을 맞추는 부모들은 다음과 같은 사항들을 보는 부모입니다.

- 너 왜 이렇게 조심성 없고 부주의한 거야? 난 네가 이것보다는 훨씬 성숙했다고 생각했거든! 문제가 무엇(어떤 것)인지 알고 싶거든!
- 너 이것보다 더 훌륭하게 잘 할 수 있잖아. 부끄럽고 창피하다는 것을 알아야 해.
- 부모의 자녀들이 잘못한 것에 부모가 초점을 맞출 때에 다음과 같이 들릴 수 있다. (예 어떻게 그런 심한 말을 할 수가 있어? 니가 한 짓을 봐! 이것보다 잘 할 수 없어!)

부모들의 초점이 미래에 자녀들이 할 수 있다는 두려움에 의해

흐려질 때에 다음과 같이 말할 수 있습니다.

- 계속 이렇게 행동하면 넌 성공 못해. 지금과 같은 행동을 하면 절대 친구를 사귈 수 없어! 언제부터 내 말을 들을래?

자녀의 잘못된 행동에 초점을 맞추는 양육 방식은 자녀를 꾸지람하고 자녀를 기분 나쁘게 하며 벌하는 것이 자녀에게 변화를 주는 동기부여를 한다는 믿음에서 비롯됩니다. 부모의 경우에 이것이 성공적인가요?

협력하고자 하는 마음이 우리들의 유전자 속에 당당하게 자리잡고 있음을 알아가기

부모들은 협력하고자 하는 욕구의 힘이 우리들의 유전자 속에 당당하게 자리잡고 있다는 것을 알아야 합니다.

협력이 모든 생명체가 생존하고 번창하는 데에 있어서 필수조건이라는 것과 협력이 우리 유전자에 한 부분이라는 생각은 과학자와 정신적 분석 이론가에 의해서 제안되었습니다.

동물들은 집단을 구성하고 공존방식을 취한다는 것은 인간들을 포함한 모든 살아있는 동물 무리들의 자연적인 상태는 지배가 아니라 협력하는 것입니다. 인간들은 서로에게 줄 수 있는 관계가 이루어졌을 때 본능적으로 엔도르핀을 생성하고, 기쁜 감정을 포함하는 생체 자기 제어 시스템을 부여합니다. 이러한 실제적 느낌들은 우리가 계속적으로 무엇인가를 나누어 줄 수 있게 하고 나눔이 인간들의 생존에 기여를 하고 좀 더 나아가서는 지구상에 있는 상호 간 생존번식 혹은 행복에까지도 동기부여를 하고 있습니다.

티벳의 정신적 지도자인 제14대 달라이 라마인 텐진 가쵸(Tenzin Gyatso)는 '인간들은 사회적 생명체이고 우리의 생존과 행복은 매우 복잡하게 다른 생명체들과 연관되어 있기 때문에 인간에 있어서의 협력은 당연한 결과' 라고 주장하고 있습니다. 서로 상호 간에 행복을 위해 서로 협력하고자 하는 원동력 자체가 인간의 본능에 근거하고 있다는 것입니다. 그에 의하면 '모든 생명체의 상호의존은 가장 기본적인 자연법칙이다' 라고 증언하고 있습니다.

다시 말하자면 협력은 상호적 행복을 위한 타인들과 영향력을 함께 나누고 긍정적으로 활용하는 것입니다.

대단히 중요하고 가치 있는 부모의 욕구

부모의 욕구는 대단히 중요하고 가치 있는 것입니다

부모의 욕구가 중요하고 반드시 다른 사람보다 부모가 자신을 위한 관리가 필요한 것은 현실적으로 비행기에서 위급한 비상시에 산소마스크를 부모가 먼저 끼고 그 다음에 자녀들이 낄 수 있도록 협력하는 것과 같습니다. 왜냐하면 부모가 호흡하지 못한다면 자녀에게 누가 도움을 줄 수 있겠습니까?

이러한 측면에서 어떤 경우이든 간에 부모의 욕구를 충족시키는 것은 반드시 필요합니다. 부모가 자신의 관리를 위해서 자신의 욕구를 돌보지 않는다면 자녀가 생존하는 데 있어서 도움은 될 수 있어도 자녀가 성공하는 데 있어 필요한 자아 존중감과 삶의 에너지인 생명력은 가지지 못할 것입니다. 뿐만 아니라 자녀가 독립했을 때 무엇보다도 중요한 것은 자신 돌보는 방법을 위한 본보기를 정확하게 보여주지 못할 것입니다.

부모들은 자식을 위한 무조건적인 희생보다 자녀를 위해서 자신이 욕구를 가지는 것이 대단히 중요합니다. 어느 면에서 현재 대부분의 공동체가 제공하고 있는 관심과 자원보다 더 요구되는 부분입니다. 우리는 부모들이 정기적으로 에너지를 재충전하고 배우며 공동체를 형성할 수 있는 장소를 가지기를 원하고 있습니다.

부모들은 주말과 저녁 시간 동안에 가족에게 봉사하는 공동체 센터로 변화된 학교 캠퍼스를 쉽게 상상할 수 있습니다. 놀이 활동을 하느라 자녀가 정신 없을 동안 부모들은 감정을 공유하고, 조언하기, 다른 부모와의 정보교환과 동질감을 느낄 수 있습니다. 또한 부모들은 즐거운 요가시간, 좋아하는 운동, 취미 활동으로 노래 부르기, 요리 수업, 혹은 마사지를 받을 수도 있습니다. 오직 자기만을 위한 시간을 가지는 것입니다.

부모들은 다른 공동체 구성원들과 자신들의 공동체에 존재하는 중요한 사회적이고 경제적 필요성을 해결하기 위해 종종 모임을 가질 수 있습니다. 우리는 이처럼 부모와 가족에게 필요한 많은 지원을 해주는 세계를 상상하고 싶어합니다.

우리는 자녀들의 욕구뿐만 아니라 부모들의 욕구를 확인하고 가치부여를 하는 데 영감을 불어넣어 주어야 합니다. 21세기는 모든 사람들이 살아가는 데 복잡하고 힘든 세대에 불가능하다고 할만큼 항상 자기의 욕구를 충족시킨다는 것은 힘들지만 부모의 욕구를 충족시키려는 최선의 노력과 의지만으로도 해결책을 찾아가는 것입니다.

부모들은 자녀들의 바람, 희망, 꿈을 꼭 기억하기

부모들은 자녀들의 바람, 희망 꿈을 꼭 기억해 주십시오

부모 자신의 보살핌과 욕구, 지속적인 성장을 위해서 효율적인 통찰력, 영감, 용기를 부모 자신이 가져야 합니다. 자녀들은 꿈이 있습니다. 다음의 중요한 사항들을 부모들이 꼭 기억해 주기를 바랍니다.

- 자녀는 부모가 말하고 가르치는 것보다 부모 자신의 행동으로부터 모든 것을 학습하고 모방합니다.
- 존중과 협력이 진심으로 나타나고 표현되어진다면 자녀는 겸손하고 너그럽게 반응할 것입니다.
- 부모의 욕구와 자녀의 욕구는 똑같이 중요하다고 인식하여야 합니다.
- 부모들이 갈등을 조장하는 습관들은 갈등을 해결하고 잠재울 수 있는 습관으로 변화시키고 대체할 수 있어야 합니다.

부모는 자신을 돌보는 새로운 습관 배우기

부모 자신을 돌보는 새로운 습관을 배우십시오

자기 자신을 부정하고, 자신을 희생하고, 오르지 헌신하는 전통적인 습관을 잠시 멈추고 자신을 수용하고 자신을 존경하는 새로운 습관을 계발한다는 것은 또 다른 개혁이고, 변화이고 희생이고, 신념입니다.

> 자녀로부터 변화를 간절히 바란다면 부모 자신이 먼저 모델이 되어야 하고 부모 자신의 모습을 먼저 변화시켜야 한다.
>
> -『Mind in the Making』 중-

부모 자신을 위해서 10분 동안 완전한 휴식을 취하십시오

하루에 30분을 당신만을 위한 시간을 가지고, 자기 희생의 순간을 10분 동안 멈추십시오. 그리고 소중한 30분에 감사하십시오.

부모 자신이 필요로 하는 것을 찾으십시오

당신의 마음 속에 욕구의 계좌를 만들어 놓고 그 목록을 순간순간 읽어보시고 생각해 보십시오.

부모들이 필요로 하는 것들입니다

- 완전히 나만을 위한 휴식 시간 가지기
- 자기가 좋아하는 운동하기
- 새로운 배움에 도전하기
- 작은 취미생활 하기
- 항상 오늘, 현재에서 새로운 목적을 계획하기
- 지금 작은 봉사를 시작하기
- 자녀들과 감정을 공유하기
- 자신에게 적극적으로 지원하기
- 건강한 음식과 건강한 식생활 습관을 가지기

Tip

부모 자신도 욕구 리스트를 만들어 보십시오.

과거의 상처를 치유하기 위한 욕구 충족하기

과거의 상처를 치유하기 위해 욕구를 충족시키십시오

존경하면서 양육하는 데 가장 힘든 일은 과거의 경험 특히 성장하면서 부모로부터 물려받은 아픈 경험들을 지녀야 하는 고통입니다. 특히 자녀가 강력하게 자발적으로 반응을 유발하기 이전에는 대부분 부모들은 자녀들의 과거의 고통과 아픔, 심리적 외상이 있다는 것도 아마 인식하지 못했을 것입니다.

부모가 자녀에게 안전벨트를 매주려고 할 때 당신의 자녀는 당신의 손을 밀어버리면서 "싫단 말이야!" 외치는 것을 경험하였을 것입니다. 그리고 안전벨트를 제자리에 밀어넣고 거칠고 성난 목소리로 말할 것입니다.

"말대꾸를 그렇게 해서는 안 돼."

잠시 후에 부모는 후회하고 감정을 정리하지만 이미 자녀에게 상처를 주었고, 이러한 상황이 다시 반복되면 자녀 역시 그대로 재연할 수 있습니다. 부모는 준비되지 않은 자녀들에게 '감정의 습격'을 경험하도록 만들지 마십시오. 감정을 공유하십시오.

정지 버튼을 누를 시기를 정확하게 판단하기

정지 버튼을 누를 시기를 정확하게 판단하십시오

부모들은 필요 이상으로 자녀들에게 강요하지 마십시오. 부모들은 언제까지, 무엇을, 어떤 방법으로, 왜 해야 하는지 정확하게 말하고 정확하게 끝맺음을 하여야 할 때 언제든지 서슴지 말고 정지 버튼을 눌러보십시오. 부모가 절대로 피해야 할 양육 방법은 갑자기 자녀에게 비명지르기, 필요 이상 감정적으로 야단치기, 서두르기, 과거를 들먹이기, 식구들과 비교할 때 신속하게 정지 버튼을 눌러주십시오.

도움을 요청할 시기에 반드시 전문가의 도움 선택하기

도움을 요청할 시기에 반드시 전문가의 도움을 활용하는 방법을 선택하십시오.

과거로부터의 아픈 경험이 자주 발생할 때에 고통을 치료할 수 있는 전문가를 찾으십시오. 시간을 너무 많이 지연시키지 말고 친한 친구, 상담사, 치료사 또는 전문가로부터 문제 해결의 효과를 얻을 수 있도록 요청하십시오. 치유한 다음에는 가족과의 관계에서 분명함, 이해심, 조화롭고 균형잡힌 기회를 가지는 흥미로운 시간이 될 수 있습니다.

지원과 영감을 위한 욕구 충족하기

지원과 영감을 위한 욕구를 충족하십시오

휴식은 새로운 영감을 만들어 갑니다. 자녀 양육을 위한 영감을 얻을 수 있고 당신의 에너지와 욕구를 충족시키는 역할을 합니다. 자녀와 부모들의 행복을 위해서 당신은 원하는 모습의 사람처럼 생동감 있고 생명력을 가지게 될 것입니다.

사회에 봉사하고 기부할 수 있도록 자녀를 격려하기

자녀들에게 사회에 봉사하고 기부할 수 있도록 격려하십시오.

봉사는 인간의 기본적인 욕구입니다

- 부모들은 다음과 같은 언어에 귀를 기울여 보십시오.
- 우리 부모와 자녀들은 사회에 봉사와 기부할 수 있는 다양한 재능과 능력을 가지고 있습니다.
- 부모들은 자녀들의 재능을 진심으로 수용하고 받아들여야 합니다.
- 부모님들의 재능과 능력을 자유롭게 발휘하십시오.

■ 부모님들은 당신 자녀의 활기찬 삶의 에너지 속에 잠재한 재능을 배우십시오. 서로가 협력할 수 있는 능력을 기르십시오.

협력하고 같이 작업한다는 것은 모든 공동체 혹은 집단들이 서로 공유할 수 있다는 것을 암시해 주는 것입니다. 우리가 일상적인 가정생활에서 보면 아주 어린 나이의 영아들도 부모와 공유할 수 있는 놀랍게도 뛰어난 능력을 가지고 있는 것을 관찰할 수 있습니다. 자녀들이 기부해야 할 재능을 인지하고 그것을 훌륭한 기술로 발달시킴으로써 부모들은 각자를 위해 자아 가치 관련의 중요한 부분에 영향을 미치는 부모와 자녀에게 기여하고 싶은 욕구를 충분히 충족시킬 수 있습니다.

부모들과 자녀들은 기부할 능력을 선천적으로 가지고 태어났습니다

어린이들을 포함한 모든 사람들은 풍요로운 생각, 재능, 기술 그리고 선함으로 자기들이 기억 저장소에 쌓아둘 선행 계좌를 소유하고 있습니다. 어떤 사람들은 노래를 기부하고, 어떤 사람은 자기들의 정원에서 채소를 가꾸어 선물하고, 어떤 사람은 맛있는 과자를 만들어 기부하고, 어떤 사람은 동요와 시, 그림을 그려 다른 사람들의 마음과 정신을 즐겁게 기부합니다. 모든 개인적인 기술과 능력을 제외한다 할지라도 우리 모두가 서로 나눔의 영성을 가지고 있습니다. 예를 들면 시간, 힘, 집중, 듣기, 웃음, 아픈 환자와 단 몇 분, 시간이라도 함께 보내면서 도움을 주면서 시간을 공유하는 것도 하나의 능력이 될 수 있습니다. 가족 구성원이 아주 큰일을 해야 할 때 일손을 도와주는 것도 능력이 될 수 있습니다. 친구가 괴로워할 때 주의를 기울이고 들어주는 것도 능력이고, 어린이가 아프거나, 슬프거나 무서워할 때, 단지 그들을 안아주는 것도 능력이 될 수 있습니다.

신생아들은 태어나는 순간부터 자기들의 온기와 신뢰감 있게 바라봄과 자기들의 미소를 포함한 고유하고 다양한 종류의 기부할 수 있는 능력과 함께 태어납니다. 모든 연령의 영아들은 자기들의 유희, 웃음, 호기심, 정직, 에너지, 유머러스한 감각과 정신을 지속적으로 제공합니다. 만약 부모가 이러한 능력들은 인지하고 수용하여 받아들일 수 있다면, 자녀들이 얼마나 영향력 있는 기부자이고, 자녀들이 주는 것이 받아들여졌을 때에 기쁨이 얼마나 큰 것인지 알게 될 것입니다.

만약 자녀들이 주어야 할 너무나 많은 능력들을 가지고 있다면 왜 부모는 자녀들이 집에서 아주 사소한 일만 한다고 불평하는 것을 듣는 것이 보편적일까요? 자녀들의 기여에는 많은 방해물들이 있습니다. 대부분의 사람들은 어린이들도 기부할 것이 있다는 사실을 모르고 있기 때문입니다. 부모는 자녀가 무엇을, 언제, 어떻게 기여해야만 하는지 이해하지 못한 채 자기들만의 요구에 안착하게 됩니다. 그러나 부모들은 자녀들이 훌륭한 인적 · 물리적 기여자임을 알아야 합니다.

Tip

부모님들은 자녀가 가지고 있는 능력의 목록을 만들어 볼 수 있습니다.

1
2
3
4
5
6
7

부모님들은 당신 자녀의 능력을 완전히 수용하여야 합니다

부모들이 자녀의 능력을 만족스럽게 수용하려는 것은 자녀들에게 주어야 할 부모의 또 다른 능력입니다. 진심으로 능력을 인식하고 인간적이고 감각적으로 능력을 받아들이는 것은 기부자와 수여자의 사이에서 원만한 교류가 이루어지고 있는 것입니다.

부모들의 능력을 자유롭게 기부할 수 있어야 합니다

우리들은 삶에서 최고의 선물을 자유라고 말합니다. 자유는 돈이나 경제적인 요구 없이 가장 중요한 요소로서 어린이들을 자유롭게 만들어 주는 것입니다. 어떤 것을 다시 받을 것이라는 막연한 기대나 의무, 죄책감, 두려움의 어떤 감각도 없이 무조건적으로 자유롭게 해주는 것은 다음에 다른 사람이 당신에게 자유롭게 주는 것과 같은 것입니다. 무조건적이고 자발적인 나눔과 교류의 결과는 기부자와 수여자 양자에게 행복스런 즐거움과 깊은 유대감을 만들어 가는 것을 느낄 수 있을 것입니다. 주는 것은 미래의 인간 관계와 평화 계좌를 만드는 밑거름을 뿌려놓는 것과 같습니다.

부모는 자신을 탐색하면서 되돌아 볼 수 있어야 합니다

단지 부모가 원했기 때문에 누군가에게 준 특정한 시간을 생각해 볼 수 있습니다. 부모가 베푼 것에 대해서 생각해 보십시오.

- 부모는 자녀들에게 무엇을 주었는지요?
- 가족 구성원을 충족/만족시키기 위해 무엇이 필요한지요?
- 부모 자신을 충족시키기 위해 무엇이 필요한가요?
- 단지 부모 자신이 원해서 누군가에게 무엇을 주었을 때 어떤 느낌이었나요?

가정에서 가족 구성원들과 함께 탐색하는 시간을 가지는 것이 중요합니다. 그리고 마음에서부터의 봉사를 생각해 보십시오.

가족구성원은 돌아가면서 자기들이 자유롭게 다른 사람이나 자기 자신에게 주었던 시간에 대해 공유해 볼 수 있습니다.

재능을 받은 사람을 충족시킬 욕구뿐만 아니라 기부자를 충족시킬 욕구에 대해서 생각할 수 있습니다. 하나의 예로 기부할 이벤트로 그림으로 각자 다른 사람과 그림을 공유해 볼 수 있습니다. 부모들은 자녀들과 봉사할 모든 다른 방법을 생각해 볼 수 있습니다. 그리고 단지 봉사하고 싶었기 때문에 봉사했을 때의 기분이 어떠한

지를 생각해 보십시오.

자녀의 에너지와 재능으로부터 배울 수 있는 부모되기

부모들은 자녀들의 에너지와 재능으로부터 배울 수 있어야 합니다.

우리들은 부모가 우리들에게 선한 행동을 보인 것처럼 자녀들이 종종 부모의 삶을 안내하고 있습니다. 어린이들은 영성적이고, 스승이고, 어버이이고, 영감의 원천이 되고, 부모의 삶에 어떤 활력소와 매력적인 에너지임을 상기시키고 다시 불어넣어 주기 위한 부모의 삶을 우리들은 믿고 신뢰하여야 합니다.

자녀들에게 세상은 큰 심리 실험실이고 심리 운동장입니다. 그리고 그들은 매우 진지한 탐험가이고 과학자이고 스승입니다. 그런 어린이들을 보면서 부모들은 놀라움을 보고, 탐색하고, 배우게 됩니다. 다른 한편으로 어린이들은 부모들이 다른 사람과 얼마나 깊이 사랑에 빠질 수 있는지를 자각시키고 일깨워가도록 도와주기 때문입니다. 훌륭한 스승입니다.

어린이들은 부모들과 장난치고, 탐색하고, 웃고, 솔직하게 궁금해 하고, 호기심을 가지게 되기 때문에 자녀들과 함께 하도록 부모를 지속적으로 초대하도록 초대장을 제공합니다. 자녀들의 진심어린 초대장을 받아들이고 그들의 세계로 들어가서 함께 즐겁게 놀아주고 춤추어야 합니다. 부모들은 그들을 우리들의 세상에 데려오고 싶었던 만큼 가능한 한 많은 정신과 욕구를 즐거운 마음으로 받아들일 수 있는 준비를 하여야 합니다. 자녀는 부모가 데리고 온 가장 소중하고 사랑스런 손님이기 때문입니다.

부모들은 기회가 있을 때마다 다음 이야기들을 생각해 보십시오.

당신의 자녀가 가지고 있는 다양한 재능에 관심을 가지고 협력해 주십시오.

부모는 자녀가 그녀가 자신을 강력한 기부자로서 경험할 수 있는 방법을 찾아주고 협력해 주십시오.

부모가 기부할 때에 기부가 자유로운지 조건인지 아니면 의무적인지에 관심을 가지십시오.

부모 자신이 존중하는 언어 사용하기

부모 자신이 존중하는 언어를 사용하십시오

- 의도하는 것을 기억해 보십시오.
- 의사소통의 관계와 흐름을 정확하게 인지하십시오.
- 가능하면 평가하는 것을 피하고 정확하게 관찰하십시오.
- 항상 감정과 욕구를 연관시키지 말고 분리시키십시오.
- 요청할 수 있지만 들어줄 수 있고 가능한 것을 요청하십시오.
- 항상 자녀와 공감하면서 경청하십시오. 어린이들은 느낌이 강합니다.

비폭력적인 대화의 목적은 원하는 것을 달성하기 위해 방해되는 사람을 변화시키는 것도, 방해되는 사람의 행동을 변화시키는 것도 아니다. 비폭력적인 대화의 유일한 목적은 정직과 공감에 기반을 둔 관계를 쌓아가는 것이다. 그러한 관계야말로 궁극적으로 모든 사람의 욕구를 채워주기 때문이다.

-Marshall B. Rosenberg, 『Nonviolent communication: A Language of Life』 중-

대부분의 부모들은 종종 자녀에게 한 말을 취소하고 싶어 합니다. "그렇게 말하려던 것은 아니었는데!", "대체 내가 왜 그런 말을 했지?" 라고 후회합니다.

대화는 중요합니다. 대화를 통해 분쟁이 일어나고, 대화에 힘이 있어서 존중과 이해하기도 하고, 서로 협력하도록 이끌어 가기도 합니다. 좋은 소식 하나를 전하기, 판단하거나 비판하지 않는 언어, 비난하거나 강요하지 않는 언어를 배우고 연습하는 언어 대신에 부모들이 자녀의 욕구에 초점을 맞추고 존중하는 언어를 계속 사용한다면, 자녀와 소통하는 능력은 기대 이상으로 긍정적으로 변화될 것입니다.

부모들은 생각하고, 경청하고, 행동함으로써 더욱 사려깊고 존중하는 언어 사용을 촉진하는 목적을 두어야 합니다. 부모들이 올바르게 언어를 사용하였다면 존중하고 사랑하는 관점을 갖게 될 것이며, 모든 자녀의 행동을 사랑하게 될 것입니다. 자녀들을 존중하며 듣는 방법을 배우게 될 것이며, 상대를 존중하며 정직하게 스스로를 표현하는 방법을 배우게 될 것입니다. 부모들의 존중하는 언어 표현은 비폭력적 대화, 연민의 대화, 효과적인 의사소통, 마음의 언어(the language of the heart)는 존중의 언어를 배우고자 하는 부모들이 사용하는 언어 형태입니다.

부모는 자녀들에게 삶의 기술 가르치기

부모는 자녀들에게 삶의 기술을 가르쳐 주십시오.

집중과 자기 통제 능력 기술을 위해서 집중력을 높일 필요가 있습니다

어린이들에게 집중의 의미 또는 집중한다는 것은 참을성 있게 기다리는 내적인 힘입니다. 어린이들에게 집중력은 훌륭한 삶을 살아가는 데 도움을 주고, 자기들이 하려고 하는 작업 목표를 성공적으로 성취하면서 만족감을 느끼고 갈등, 무질서, 혼란, 권태로움으로부터 멀어져 정신으로부터 사물과 사람이 하나가 되는 것입니다. 작업과 사물에 완전히 몰입되어지는 순간을 의미합니다.

몬테소리는 이런 현상을 어린이들이 정상화로 진화하는 과정에서 생활을 즐기는 것이라 하였습니다. 관심과 자기 통제 능력은 뇌의 중요한 기능으로서 관심을 갖는 것, 규칙을 기억하는 것, 다음에 더 큰 보상을 위해서 현재의 욕구를 참는 행동을 의미하는데, 이러한 행동 자체가 그대로 교육과 연결된다는 사실을 오리건 대학의 마이클 포스너(Michael Posner) 교수의 연구에서 증명하고 있습니다(Gallensky E., 2010).

만약 우리가 어떤(무엇) 목표한 것들을 이루고자 한다면 우리가 가장 먼저 해야 할 것은 바로 자기 통제력입니다. 집중을 위한 관심 가지기는 자녀들이 가지고 있는 정보를 최대한 밖으로 표출할 수 있는 방법으로 어떤 것에 집중하는 것을 의미합니다.

부모들은 자신의 집중력을 강화하고 향상시키기 위해서 다음과 같은 사항을 질문해 볼 수 있습니다. 자기가 어떤 점수에 속하는지 합산하여 자녀지도에 긍정적이고 부정적인 영향력을 줄 수 있습니다.

만약 부모들의 총 합산 점수가 20~15점 사이라면 집중력에 대해서 꽤 아주 높은 점수를 받은 것이며, 9~14점의 점수를 받았다면 중간 정도의 능력이고, 8점에서 그 이하의 점수를 받았다면 부모의 집중 능력을 좀 더 향상시킬 필요가 있다고 생각합니다(Gallensky E., 2010).

집중과 자기 조절능력에 관한 시험

	질문	그렇다	거의 그렇다	보통 이다	아니다	전혀 아니다
		5	4	3	2	1
1	나는 오랜 시간 무엇(어떤 것)에 완전히 정신적으로 몰두해 있는 경우가 있다.					
2	나는 집중력이 순간순간 분산된다. 집중이 잘 되지 않는다.					
3	나는 무엇(어떤 것) 한 곳에 집중하는 데 어려움이 많다.					
4	나는 내가 필요한 만큼 집중하기 위해서 적당한 에너지를 활용하고 조절이 가능하다.					
	합계					

여기에 어떻게 하면 부모의 집중력을 긍정적으로 향상시킬 수 있는지에 대해 나열해 보았습니다

- 조용하고 부드러운 멜로디에 음악을 들을 것
- 자기 욕구를 충분히 충족시킬 것
- 충분한 휴식을 취하도록 할 것

- 작업을 완성한 다음에 성취감을 경험하도록 할 것
- 자아 만족도를 높일 것
- 자신을 사랑하고 존중할 것
- 새로운 정보, 새로운 환경을 제공해 줄 것
- 실천 가능한 자아 계획표를 만들어 보도록 권고할 것

부모들은 자녀들이 집중력을 높이기 위해 인지적 유연성(Cogn-ntive Flexibility)을 높일 필요가 있습니다.

만약에 자녀들이 슬그머니 일탈적으로 어떤 행동을 취하는 척 할 때 부모들은 인지적 유연성으로 자녀들의 마음을 들여다 볼 수 있어야 합니다. 부모로서 인지적 유연성은 스스로가 문제에 직면했을 때 다른 관점에서 문제를 바라보고 그 문제의 진실을 이해하는데 도움을 줄 것입니다. 인지적 유연성이란 인지적 관점을 바꾸거나 관심을 가지는 것에서 초점을 바꾸는 것, 유연하게 다른 이들의 관심을 바꾸거나 조절하는 것을 의미합니다(Gallenskty E., 2010).

부모들의 인지적 유연성을 검사하기 위해서 검증하는 질문을 해보기로 합니다. 자녀들이 점수가 15~20점 사이라면 당신의 인지적 유연성을 상당히 높은 편에 속하는 것이며, 9~14점의 점수를 받았

다면 중간 정도의 능력이고, 8점에서 그 이하의 점수를 받았다면 당신의 인지적 유연성의 능력을 좀 더 향상시킬 필요가 있다고 생각합니다.

인지적 유연성의 검사표

	질문	그렇다	거의 그렇다	보통 이다	아니다	전혀 아니다
		5	4	3	2	1
1	내가 하고자 하려고 하는 일에 어떤 문제가 발생하면 나는 그것을 포기하고 다른 해결 방법을 찾는 것이 어렵다.					
2	나는 단순하고 쉽게 변화를 선택한다.					
3	내가 다른 사람을 설득하기 힘들 때 나는 왜 내가 설득할 수 없는지 이유를 쉽게 이해한다.					
4	나는 새로운 아이디어를 빠르게 선택하기 힘들다.					
합계						

집중력을 기르는 작업 기억(Working Memory)

사람들은 잠시 휴식을 취하면서 다음 진행할 일과표를 계획합니다. 우리들은 눈을 뜨고 잠에서 깨어났을 때에 본인이 일과 계획표에 무엇이 들어 있었는지 기억하지 못한다면, 나는 내가 처음에 집중하고 있어야만 했던 사항에 대해서 결정하지 못할 것입니다.

아델 다이아몬드(Adele Diamond)는 작업 기억을 당신의 마음 속에 정보를 잡고 있는 것이라고 정의하면서 다음과 같은 예시를 제시했습니다(Nelsen J., & Erwin C., Duffy R. A., 2007).

- 하나의 생각과 다른 생각을 연결하는 것
- 우리들이 지금 읽고 있는 것과 우리들이 방금 전 읽은 것을 연관짓는 것
- 당신이 지금 배우고 있는 것과 조금 전에 배운 것을 연관 짓는 것

예를 들자면, 작업 기억이란 시간이 지나서야 발견되는 감각 기관으로서 우리가 읽은 어떠한 것을 이해하거나 우리가 듣는 어떤 것을 이해하는 것을 의미하는 것을 암산할 때에 우리가 해야 할 필요가 있는 것들 중에서 우선순위를 매길 때와 같은 작업을 할 때 아주 중요합니다.

부모들은 작업 기억에 대한 점수가 만약에 20~15점 사이라면 당신은 아주 높은 작업 기억을 가지고 있고, 9~14점 사이라면 중간 정도의 수준을 갖추고 있는 것이며, 8점 이하라면 지금 보다 좀 더 향상시킬 필요가 있는 것을 의미합니다.

작업 계획표 검사도

질문		그렇다	거의 그렇다	보통 이다	아니다	전혀 아니다
		5	4	3	2	1
1	나는 동시에 마음 속으로 두 가지 생각을 할 수 있다.					
2	만약 내가 책을 읽고 있다면, 내가 좀 전에 읽었던 것에 대해서 생각하는 것이 어렵다.					
3	나는 암산으로 큰 수를 계산할 수 있다.					
4	나는 처음에 내가 세웠던 계획을 다음에 기억하지 못한다.					
합계						

대화의 기술을 훌륭하게 훈련한다면 뇌의 중요한 기능에 자극을 주어 작용하도록 만드는 데 많은 도움을 줄 것입니다. 우리가 대화하기를 원하는 목적이 무엇인지 다른 사람들의 관점에서 먼저 생각하고 이해하도록 습관들이는 것도 중요하다는 것을 반영하는 것입니다. 어린이들이 대화 기술을 배운다면 학령기에 들어서면 친구들과 대화의 기술을 잘 활용할 수 있을 것입니다. 부모들은 자녀들에게 대화 기술을 발달시켜 주기 위해서 부모로서, 교사로서 우리가 그들에게 무엇을 해야 하는가는 가장 중요한 일 중에 하나입니다.

부모들은 신생아들의 깊고, 정확하고, 진지하게 바라보는 것, 3개월된 초기 영아의 호기심으로 가득 찬 눈으로 바라보는 것, 초롱초롱 밝게 빛나는 영롱한 눈동자를 생각할 수 있습니다. 부모들이 문을 열고 들어갔을 때 6개월된 영아가 즐거움에 몸부림치는 행동을 생각해 볼 수 있습니다. 이러한 현상들을 그들이 환경과 관계를 이미 맺고 있다는 것입니다. 그러나 대부분의 부모들은 신생아들이 관심에 귀를 기울여 세상 밖으로 어떻게 이끌어낼 것인지 상상해 본 경험이 거의 없습니다. 몬테소리는 이것은 생명의 신비이고,

기적이고 21세기의 새로운 발견이라고 했습니다.

가정에서 대화 기술을 촉진하는 것은 두 옥타브 이상의 멜로디로 되어 있는 동화책을 읽어주면서 이야기하거나 천천히 영아들에게 들려주기 위해 노래를 불러주는 것도 훌륭한 방법 중에 하나이고, 부모가 자녀들에게 직접 들을 수 있는 소리들을 반복해 들려주면서 새로운 단어를 습득하게 하는 것은 그들이 새로운 단어를 보다 빠르고 효과적으로 배워서 대화의 폭을 넓힐 수 있을 기회를 제공하는 것입니다. 부모와 자녀들과 저녁 식사 테이블에서 나누는 대화를 녹음하여 보았는데 하버드 대학의 캐서린 스노우(Catherine Snow), 데이비드 디킨슨(David Dickinson), 패턴 테이버(Patton Tabors)는 부모들이 자녀들과 다양한 방법으로 대화를 하고 있음을 알아내었습니다(Gallensky E., 2010).

연관짓기 기술

어린이들에게 연관짓기는 단어의 분류와 조직적이고 체계를 잡아가는 시작입니다. 영아가 수저와 젓가락이 한 쌍으로 이루어져 있다는 것을 알게 되는데 그 이유는 수저와 젓가락이 한 쌍으로 이용하여 음식을 먹기 때문이라는 것을 알기 때문입니다.

이러한 현상은 다른 측면에서 한 가지가 또 다른 한 가지를 대신하면서 또 다른 연결고리를 만들고 있다는 것을 보여주는 예입니다. 이런 기술은 수학을 포함하여 어린이들이 학교에서 배우고 공부하는 모든 교과 과목에 대해 이해하는 데 활용할 수도 있습니다.

어린이들은 정보도 얻고 연관짓기 기술을 보다 더 향상시켜 나갈 수도 있습니다. 예를 들어 어린이들은 숫자들의 역할과 관계를 보면서 1~10까지의 숫자들이 어떤 특성을 갖고 증가하는지를 관찰하게 됩니다. 증가로 인해서 덧셈과 뺄셈은 물론 곱셈에 대한 기본 원리를 파악하게 되는데 1~10까지의 숫자들이 그 이전의 수보다 하나씩 증가한다는 것을 단계적으로 인지해갈 수 있습니다.

비판적으로 사고할 수 있는 기술

비판적 사고란 여러 가지 상황과 대안들과 결정들을 고려하여 그들 상호 간에 연결 관계 속에서 가치 있는 것이 무엇인지 계속해서 찾아내는 과정을 의미합니다. 비판적인 사고는 유아기를 통해 습득되지만 성인이 되어도 계속적으로 교육되어야 할 기술입니다.

'무엇이 어떤 결과를 초래하게 되는가?'라는 연관성에 대해 추론해내고, 상호 간의 관계로부터 이론을 추론해내고, 실험하고, 발전시켜 나가기 때문에 과학적인 방식을 사용하는 사고 체계라고 볼 수 있습니다. 어린이들에게 비판적 사고 기술을 훈련하는 것은 모든 사고를 논리적이고 객관적으로 정리하는 방법이 됩니다.

도전의식 기술

어린이들도 다른 친구와 비교하고 경쟁하는 도전의식을 본능적으로 가지고 있기 때문에 도전할 때는 아무리 긍정적으로 생각한다 할지라도 나름대로 스트레스를 받습니다. 부모들은 자녀들의 삶에서 도전에 견딜 수 있는 훌륭한 방법으로 도울 수 있어야 합니다.

- 자녀들이 자기 발전을 위해서 도전의식을 가질 때 가급적 스트레스를 적게 받도록 긍정적인 측면으로 생각하도록 가르칠 필요가 있습니다.
- 자녀들이 무엇(어떤 것)에 대해서 편견을 가지고 도전을 마지못해 하는 것을 방지하도록 도와주어야 합니다.
- 자녀들의 도전은 긍정적인 측면에서 적극적으로 참여하도록

도와주어야 합니다.

- 긍정적인 도전의식을 성공으로 연결되어진다면 발전과 능력을 촉진시킵니다.
- 만약 부모가 자녀에게 도전 정신을 칭찬할 경우에 "우리 철이는 참으로 훌륭해, 참으로 똑똑해!" 보다 "참으로 열심히 해냈구나! 넌 무엇이든 할 수 있는 능력이 있어! 난 너의 능력을 이미 확신했어!"라는 격려와 자신감을 가질 수 있도록 말로 도움을 주어야 합니다.
- 자녀들에게 도전의식을 배울 수 있는 용기를 제공함으로써 도전하는 것을 즐기도록 만들 수 있어야 합니다.

자기 주도적 학습 기술

시카고 대학의 제임스 헤크먼(James Heckman)은 "동기가 동기를 부른다."라고 말했습니다(Gallensky E., 2010). 어린이들이 동기부여를 받은 것으로부터 자신의 동기가 스스로 불러일으켜지는 경우를 일컫는 말입니다. 부모들은 자녀들의 자기 주도적 학습 기술을 위해서 다음과 같은 것을 고려해 보아야 합니다.

- 부모들은 자녀들이 작은 일에서 성취감을 경험하고 만족스러운 경험을 하도록 협력하여야 합니다.
- 부모들은 자녀들의 능력과 재능을 발견하여 함께 밖으로 이끌어내는 데 협력하여야 합니다.
- 부모가 자녀들에게 이런 저런 능력을 개발해 주기 위해서 함께 공동 작업을 필요로 합니다.
- 자기 주도적 기술은 부모가 자녀와 함께 작은 것에서 시작하여야 합니다. 시장갈 때, 여행갈 때, 심부름 갈 때, 봉사할 때 스스로 계획하고 실천하는 습관 기르기에서 시작할 수 있습니다. 부모들이 할 수 있는 여러 가지 단순하고도 쉬운 방법들이 분명히 존재합니다.
- 유치원, 학교에 들어갈 자녀가 있다면 데리고 마트에 갈 때도, 유치원에 갈 때도, 저녁을 먹을 때에도 부모들은 자녀가 주도적으로 행동을 시작하도록 허락합니다.
- 지금 바로 부모들에게 일상 속에서 쉽고 단순한 방식으로 재미있게 자녀가 스스로 독립적으로 실천하는 삶의 기술을 훈련해 볼 수 있습니다.
- 부모에게 주어진 미션이 무엇인가를 인지함으로써 자녀들이

삶에서 배워야 할 것이 무엇인지 가르쳐 주고, 배우면서 살아가도록 돕는 것이 자기 주도적 기술입니다. 몬테소리의 기본 철학은 "나 스스로 할 수 있도록 나를 도와주세요."라는 의미는 자기 주도적 기술을 훈련하여야만이 가능한 것입니다.

자녀들의 집중과 자기 조절을 촉진시키는 방법

- 신생아와 영아들은 집중하는 것을 스스로 배우도록 협력하여 합니다.
- 뇌가 자기에게 주어진 소위 행정기능들이 작동되기 시작할 때 집중을 하고 자기 통제를 개선시키기 위한 활동은 영유아들과 초기 학령기 아동들을 포함시킬 수 있습니다. 영아들도 자기 통제의 중요한 기본 기술을 배우고 시작할 수 있습니다. 예를 들면, 부모가 무조건적으로 작은 것이라고 원하는 것을 허락할 것이 아니라 통제하고, 스스로 정리 · 정돈하고, 규칙을 지키도록 안내해 주는 것은 근본적인 통제기능을 훈련하는 것입니다. 다음은 자녀들에게 자기 자신을 집중하도록 도울 수 있는 몇 가지 방법입니다.

부모들은 자녀들이 자기 조절과 집중하는 방법과 시간을 관찰하여야 합니다

자녀를 조용한 곳에 두었을 때에 자신이 차분해지면서 무엇(어떤 것)에 포커스를 집중한다는 것을 알 수 있을 것입니다.

유아기일 때도 부모들은 자녀를 돕고 자신을 관리하는 방법을 학습하게 됩니다. 중요한 관점은 지금 자녀가 무엇(어떤 것)에 상관이 있다는 것, 무엇(어떤 것) 자체에 관심이 있다는 것을 주목하여야 합니다.

부모는 자녀에게 당신이 알고 있는 가장 뛰어나고 적합한 기법을 사용하여야 합니다

부모가 적극적으로 움직이고, 도움을 주려고 하는 것을 느낀다면 자녀의 집중력은 다시 분산될 수 있을 것입니다. 이때 부모들은 자녀에게 강한 포옹으로 신뢰하고 사랑한다는 믿음을 주어야 합니다. 그러면 자녀는 포옹으로 균형을 되찾을 수 있는 기회를 다시 가지게도 됩니다.

✿ 자녀의 작업 결과에 성공을 인정하고, 잘했다는 자긍심, 신뢰할 수 있는 격려, 작업을 성공적으로 마친 결과에 대한 칭찬을 아끼지 말아야 합니다

자녀가 스트레스와 자극을 받았을 때마다 그들은 내부에서 피드백을 받게 됩니다.

"나는 나 자신이 할 수 있을 것이라는 확신감을 가졌었거든, 너는 해냈구나!" 라고 내부 피드백 체계를 강화해 줄 때, 자녀에게 모든 것을 대신해 주는 것 대신에 배움의 기회뿐만 아니라 배움과 탐구의 묘미를 경험할 수 있는 기회를 충분히 제공하는 것입니다.

✿ 부모들이 꼭해야 할 일을 생각해 보세요

부모들이 자녀를 언어, 미래의 세계로 이끌어주는 가장 훌륭한 안내자, 지도자 양육자라는 점을 명심하여야 합니다. 영아들에게 부모는 그들이 가장 사랑하고 소중하게 다루는 최고의 장난감이라고 생각한다면 올바른 판단이 될 것입니다. 부모님들의 목소리, 얼굴표정, 행동, 동작, 말씨 모두 그들의 흥미와 관심을 집중시키고 불러일으킬 수 있는 요인이 됩니다. 영아들은 사람들이 하는 모든 행동 일거수일투족에 대해 본능적으로 호기심을 가지고 있습니다.

영아들에게 자신이 흥미로운 것에 대해 이야기하고 부모가 반응을 보이는 상황에서 언어를 배웁니다

영아가 흥미와 관심을 가지는 작업이나 상황을 가지고 이야기할 때 훨씬 효과적입니다.

부모들이 하지 말아야 일들을 생각해 봅시다

영아들과 협력 관계와 의사소통을 가르치기 위해 비싼 물건을 구입해야 한다는 강박관념에서 벗어나야 합니다. 영아들의 관심은 비싼 소프트웨어나 장난감보다 부모와 함께 시간을 보내는 것이 그들에게 가장 훌륭한 선물이 될 수 있습니다.

자녀를 혼란 속에 빠져서 헤매도록 하지 맙시다

영아들은 너무 많은 자극을 받으면 멀리 달아나버리고 싫증을 느낍니다. 다음 단계로 흥미를 잃어버립니다. 영아들이 말하는 단어에 반응해 주고 즐거워하고 존중해주면 영아들은 자기 환경에 관심을 가지고 안정된 상태에서 자기가 원하는 것을 즐깁니다.

참고문헌

김남미 역(2011). 아이의 민감기. 서울: 예문당.

이지원 역(2011). 두 사람. 서울: 사계절.

조성자(2012). 훌륭한 몬테소리 부모되기. 서울: 파란마음.

조성자 역(2011). 내일의 어린이들. 서울: 파란마음.

조성자 편저(2000). Montessori 이론에 근거한 인간 존재의 의미. 서울: 창지사.

Berry, T.(1999). *The great work*. NY: Belle Tower.

Gallensky, E.(2010). *Mind in the Making*. NY: Harperstudio.

Hart S., & Hodson V. K.(2006). *Respectful Parants Respectful Kids*. CA: Puddle Dancer.

Jim & McFarland, S.(2011). *Montessori Parenting*. Colorado: Shining Mountains.

Nelsen, J., Erwin, C., & Roslyn, A. D.(1998)(Ed.), *Positive Discipline: The First three Years*. NY: Three Rivers.

Nelsen, J., Erwin, C., & Duffy, R. A.(2007). *Positive Discipline*. NY: Three Years.

Newsweek(2006). 귀여운 우리 아기. 뉴스워크 한국판 특별호 11.

Rosenberg, M. B.(2003). *Nonviolent Comminication a Language of Life*. CA: Puddle Dancer.

저자소개

조 성 자

- 로마 안토니오(Rome antonianum) 대학교 철학 및 교육학과 졸업
- 로마 안토니오 대학교 교육학 석사
- 로마 안토니오 대학교 철학박사(교육철학 전공)
- 1995년 1월~1996년 2월, 독일 뮌스터 대학 교환교수 역임
- 2000~2004년 한국몬테소리 학회 회장 역임
- 현재 대구 가톨릭대학교 사회과학부 아동학과 교수
- 현 (사) 몬테소리교육총연합회 회장

저서)

- 유아교육개론(공저, 양서원, 2005)
- L' educazione morale degli adolescenti nella famiglia coreana, Roma Montessori 교육학(중앙적성출판사, 1996)
- 자유 직업과 열린 교실을 위한 마리아 몬테소리의 교사론(창지사, 1998)
- 마리아 몬테소리 자서전(신정, 2006)
- 몬테소리의 과학적 교육학(신정, 2006)
- 몬테소리 영아 전담 어린이집 교육 프로그램의 이론과 실제(창지사, 2010)
- 몬테소리 우주교육의 철학적 관점(공동체, 2010)
- 몬테소리 교육철학의 이론과 실제(창지사, 2011)
- 훌륭한 몬테소리 부모되기(파란마음, 2012)
- 몬테소리 평화교육의 이론과 실제(파란마음, 2012)

편저)

- 마리아 몬테소리의 자유 개념과 자유 직업의 원리(중앙적성출판사, 1996)
- 나는 착한 목자다 I, II(중앙적성출판사, 1997)
- 신 몬테소리 학파의 새로운 교육 운동: 교육학에 대한 이론(양서원, 2000)

편역)

- 세계 어린이의 어머니 몬테소리: 그녀는 누구인가?(양서원, 2000)

역서)

- 사랑의 커리큘럼(한국 Montessori 연구소, (주) 한국몬테소리, 2004)
- 신이란 무엇인가(한국 Montessori 연구소, (주) 한국몬테소리, 2004)
- 나는 친구들과 함께 평화를 나누려고 해요(한국 Montessori 연구소, (주) 한국몬테소리, 2005)
- 나는 우주에서 살아요, 나는 지구라는 행성을 여행하고 있어요(한국 Montessori 연구소, (주) 한국몬테소리, 2005)
- 지구를 위한 나의 맹세, 나의 해님을 알아요(한국 Montessori 연구소, (주) 한국몬테소리, 2005)
- 나는 고요함을 듣고 싶어요(한국 Montessori 연구소, (주) 한국몬테소리, 2005)
- 중력이 무엇인지 난 알아요(한국 Montessori 연구소, (주) 한국몬테소리, 2005)
- 여러분 은하수가 얼마나 큰지 아세요?(한국 Montessori 연구소, (주) 한국몬테소리, 2005)
- 어떻게 씨앗이 싹트는지 나는 알고 있어요(한국 Montessori 연구소, (주) 한국몬테소리, 2005)
- 나는 밤하늘에 무수히 흩어져 있는 아름다운 별들을 바라봅니다(한국 Montessori 연구소, (주) 한국몬테소리, 2005)
- 유아기를 위한 성교육(창지사, 1987)
- 아동기를 위한 성교육(창지사, 1987)
- 청소년기를 위한 성교육(창지사, 1987)
- 몬테소리의 교육과 평화(창지사, 1990)

- 몬테소리의 어린이 신비(창지사, 1991)
- 몬테소리의 어린이를 위한 종교교육(미루나무, 1993)
- 몬테소리의 어린이 정신(창지사, 1994)
- 몬테소리의 어린이 발견(창지사, 1995)
- 몬테소리의 새로운 세계를 위한 어린이 교육(중앙적성출판사, 1996)
- 어린이의 종교적 잠재 능력(중앙적성출판사, 1997)
- 몬테소리의 우주 교육: 인간의 잠재 능력을 어떻게 개발할 것인가?(중앙적성출판사, 1998)
- 몬테소리의 우주 교육: 유아기에서 청소년기까지(중앙적성출판사, 1998)
- 어린이는 인간의 어버이다(양서원, 2000)
- 어린이들에게 영성은 존재하는가?(창지사, 2000)
- 몬테소리는 부모님들에게 이렇게 권고합니다(양서원, 2000)
- 몬테소리의 어린이를 위한 인격 형성(창지사, 2001)
- 어린이들을 위한 관찰기록과 보고(공역, 창지사, 2009)
- 내일의 어린이들(파란마음, 2011)

몬테소리 부모와 자녀를 위한 이야기 나눔

초판 1쇄 인쇄 2012년 7월 18일
초판 1쇄 발행 2012년 7월 25일
지은이_ 조성자
펴낸이_ 황호철
펴낸곳_ 도서출판 파란마음

주소_ 140-845 서울시 용산구 백범로90라길 47
전화_ (02) 3275-2110~1 | 팩스_ (02) 3275-2199

등 록_ 2006년 4월 24일 · 제302-2006-00024호

ISBN 978-89-97982-01-1 93370
값 10,000원